2020
中国黄金市场报告

中国黄金市场报告编委会 © 编

中国金融出版社

责任编辑：童祎薇
责任校对：张志文
责任印制：裴　刚

图书在版编目（CIP）数据

2020中国黄金市场报告/中国黄金市场报告编委会编. —北京：中国金融出版社，2020. 6
ISBN 978 - 7 - 5220 - 0433 - 4

Ⅰ. ①2… Ⅱ. ①中… Ⅲ. ①黄金市场—研究报告—中国—2020 Ⅳ. ①F832. 54

中国版本图书馆CIP数据核字（2020）第047032号

2020 中国黄金市场报告
2020 ZHONGGUO HUANGJIN SHICHANG BAOGAO

出版
发行　中国金融出版社

社址　北京市丰台区益泽路2号
市场开发部　（010）66024766，63805472，63439533（传真）
网 上 书 店　http：//www.chinafph.com
（010）66024766，63372837（传真）
读者服务部　（010）66070833，62568380
邮编　100071
经销　新华书店
印刷　北京市松源印刷有限公司
尺寸　210毫米×285毫米
印张　8.5
字数　144千
版次　2020年6月第1版
印次　2020年6月第1次印刷
定价　85.00元
ISBN 978 - 7 - 5220 - 0433 - 4

2020中国黄金市场报告编写成员名单

编 委 会 成 员

邹　澜　高　飞　焦瑾璞　王振营　姜　岩　卢　进　王凤海　荣艺华
宋钰勤　顾文硕　李　辉　王立新　张永涛　陈志君

写 作 人 员

第一章　上海黄金交易所

常瑞胜　李珍玉　艾　磊　申　秋　蔡晓春　费　超　赵嘉翌　徐予黎
罗　江　周洁敏　孙语阳　高　媛　刘明明　吴宇峰　毛　烝　李　镇

第二章　上海期货交易所

陈　晔　鞠成鑫　赵　莹

第三章　中国人民银行上海总部金融市场管理部

曾梓梁　邹　琼　王丽洁　张一铮

第四章　中国黄金协会

李　亮　刘艳红　赵冠楠　王衍平　许　蕾　刘　涛　李　珅

第五章　世界黄金协会

Alistair Hewitt　Louise Street　贾舒畅

编写说明

2002年10月，经国务院批准、由中国人民银行组建的上海黄金交易所开始运行，开启了中国黄金市场化的历史进程。十余年来，作为国民经济和金融市场的重要组成部分，我国的黄金产业和黄金市场均取得了长足的发展：从勘探冶炼到加工销售的黄金产业链不断拓展，场内、场外交易市场建设不断加强，基于黄金的交易产品和理财产品不断丰富，黄金投资者和消费者的数量持续增加。

《中国黄金市场报告》始创于2008年，由上海黄金交易所牵头发起，中国人民银行上海总部、中国黄金协会、上海期货交易所、世界黄金协会等五家单位共同参与编写，以内部出版物的形式向会员单位和有关的市场参与方发布。报告自创办至今取得了良好的业内反响。

随着近年来黄金市场的市场化、国际化进程深入推进以及投资机构对黄金市场关注度的提高，银行、证券、基金等专业投资机构，普通投资者，市场研究机构等全面、系统地了解、解读中国黄金市场的需求也变得更加强烈。因此，为更好地展示中国黄金产业和黄金市场发展的现状，更好地满足市场参与各方对黄金市场信息和交易数据的需求，经编委会研究，于2019年起将《中国黄金市场报告》向全社会公开出版发行，每年对中国黄金市场进行全方位分析，给广大读者带来第一手素材。

《2020中国黄金市场报告》是报告公开出版以来的第二本，共分五章，力图全景式、多角度地展示中国黄金市场产业及需求、场内与场外交易及投资情况，同时从国际对标角度来分析中国黄金市场的各项指标。其中第一章为“上海黄金交易所市场”，主要介绍上海黄金交易所前一年交易情况以及现货市场基础设施建设的成果。第二章为“上海期货交易所市场”，主要介绍上海期货交易所前一年黄金期货的交易情况以及期货市场建设情况。第三章为“商业银行黄金业务”，从宏观角度解析了商业银行黄金业务的特点和交易信息。第四章为“黄金供应与需求”，对国内黄金市场的供给需求、生产消费以及投资进口等数据进行了披露和分析。第五章为“国际黄金市场概述”，是对前一年全球黄金市场发展以及市场供给需求的总体介绍。

期待我们的努力能让您对中国黄金市场有更多的了解，并能让您有所收获。

目　录

CONTENTS

第一章

上海黄金交易所市场

[上海黄金交易所提供]

2019年，在中国人民银行的正确领导和市场参与各方的支持下，上海黄金交易所（以下简称上金所）继续稳步实施市场化、国际化发展战略，市场运行平稳，各项业务成效显著，市场交易规模稳步增长，再次创造历史新高。

一年来，我们坚持金融支持实体经济，交易时间更长，交易成本更低，市场服务更加温暖贴心。我们坚持市场化、国际化战略，推出一批创新产品，开展一系列国际合作，“上海金”“上海银”“沪组金”交相辉映。我们坚决打好防范化解金融风险攻坚战，清算、交割、信息系统等基础设施更加完善，会员管理体系和风险防控体系不断完善，市场运行基础更加稳固。

十七载风雨兼程。在市场参与各方的支持和共同努力下，今天上金所已初步形成“一二三四五六”业务发展格局：一是以建设国际一流的黄金市场金融基础设施为目标；二是主板和国际板两大业务板块；三是服务实体经济与发展金融市场并重、国际市场与国内市场并重、个人业务与机构业务并重的三个发展方向；四是连接黄金产业链上下游之间、黄金实物和资金融通各方之间、场内黄金市场与场外黄金市场，以及国内与国际黄金市场之间的四座桥梁；五是形成交易定价中心、清算结算中心、仓储物流中心、登记托管中心、咨询服务中心等五大中心；六是涵盖竞价、询价、租借、定价、金币和ETF等六大市场。

一、上金所黄金市场交易情况

（一）市场运行概况

1. 交易概况

2019年，上金所总交易金额28.76万亿元，同比增长33.18%（见图1.1）。其中，黄金成交量6.86万吨，同比增长0.12%，成交额21.49万亿元，同比增长15.69%；白银成交量178.00万吨，同比增长113.41%，成交额7.25万亿元，同比增长141.37%；铂金成交量42.77吨，同比增长2.85%，成交额86.11亿元，同比增长3.07%。上金所国际业务板块（以下简称国际板）2019年成交量25.91万吨，同比增长814.35%；成交金额3.67万亿元，同比增长99.11%。其中，黄金成交量0.82万吨，同比增长25.19%，成交金额2.62万亿元，同比增长48.22%；白银成交量25.09万吨，同比增长1,051.58%，成交金额1.05万亿元，同比增长1,255.19%。

图1.1　2002—2019年上海黄金交易所交易量和交易金额

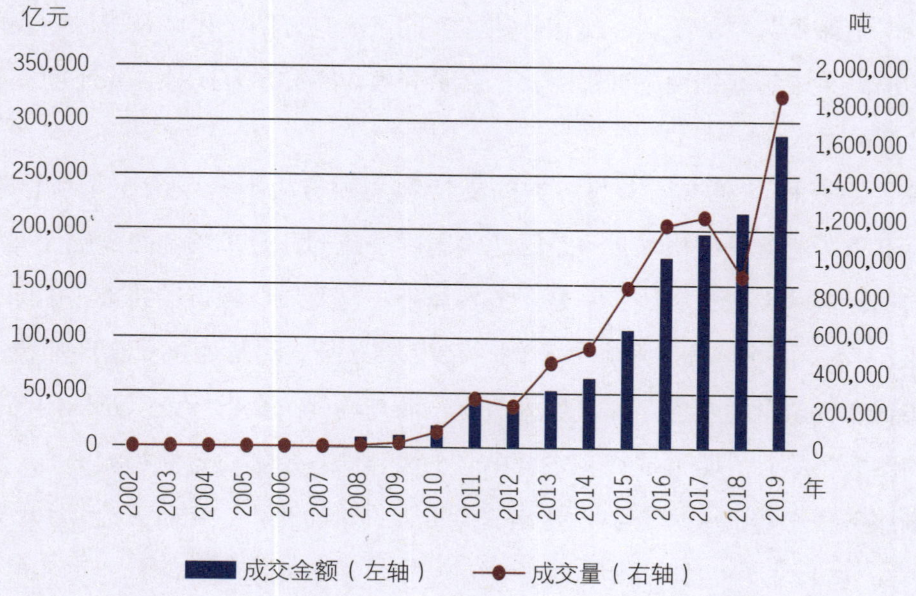

数据来源：上海黄金交易所。

2019年，黄金竞价市场成交量2.71万吨，同比增长32.75%。其中，现货实盘合约成交5,214.17吨，同比下降22.63%，实物需求有所下滑；延期交收合约成交2.19万吨，同比增长60.09%，投资交易需求增幅较大。

黄金询价市场全年成交量4.03万吨，成交金额12.64万亿元，同比增长0.09%。

黄金定价市场全年共进行488场1,489轮交易，平均每场3.05轮，共成交1,168.96吨，同比下降20.73%，成交额3,624.12亿元，同比下降9.35%，日均成交4.79吨，日均成交额14.85亿元。

2.资金结算

2019年资金清算量37,430亿元，日均清算量153亿元，同比增长10.24%。其中，自营资金清算量27,630亿元，同比增长19.61%；会员代理9,800亿元，同比下降8.52%。

3.实物交割

2019年上金所实物交割量有所下滑，实物出库量共计2,975.73吨。

2019年，上金所在全国36个地区使用67家交割仓库，满足了国内包括金融、生产、加工、批发、进出口贸易等各类黄金产业链企业的出入库需求。

（二）市场运行特点

1.黄金价格创九年新高，年度涨幅近两成

2019年初，黄金价格在1,300美元/盎司附近横盘震荡。5月至8月，受风险事件持续升级及美联储货币政策转向的影响，黄金开启强势上涨模式。9月以来，受美联储继续降息、中美贸易摩擦暂缓及英国硬脱欧风险暂时释放等因素影响，黄金高位回调整理，但在1,450.00美元/盎司附近有较强支撑。年末，伦敦现货黄金定盘价为1,523.00美元/盎司，比2018年末上涨241.35美元/盎司，涨幅达18.83%。上金所黄金Au99.99合约年初开盘价283.98元/克，最高价369.24元/克，最低价277.50元/克，年末收盘价340.80元/克，比2018年末上涨19.75%（见图1.2）；全年加权平均价308.70元/克，同比上涨13.74%。

图1.2　2019年国内外黄金价格走势

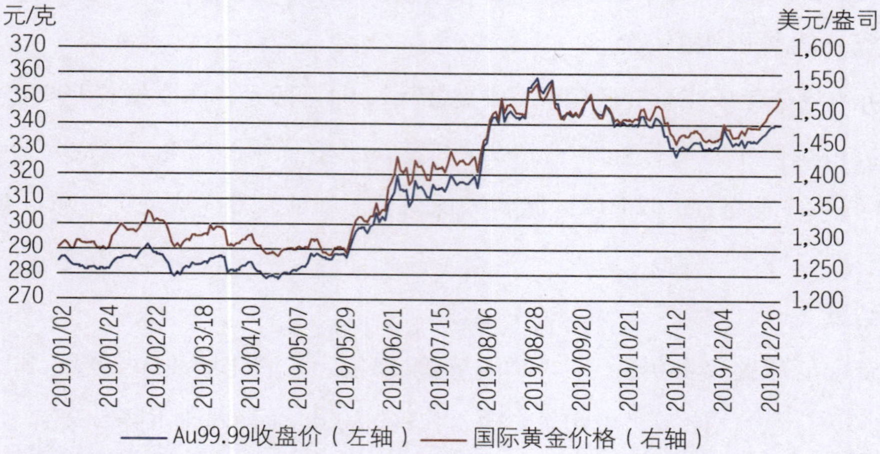

数据来源：上海黄金交易所。

2. 黄金国内外价差同比增幅较大

2019年全年，受国内黄金进口规模下降的影响，市场实物供给总体偏紧，导致黄金的国内外价差水平同比提升。黄金的国内外价差平均幅度为2.46元/克，同比扩大0.99元/克，增长67.35%；白银的国内外价差平均幅度为280.29元/千克，同比扩大15.01元/千克，增长5.66%；铂金的国内外价差平均幅度为8.48元/克，同比缩小5.96元/克，下降41.27%（见图1.3）。

图1.3　2019年黄金、白银国内外价差走势

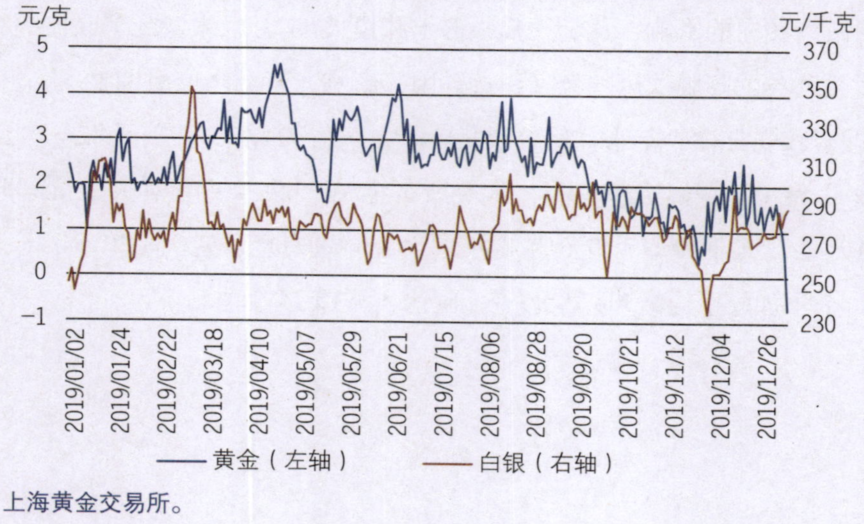

数据来源：上海黄金交易所。

3. 全球黄金市场普遍增长，我国黄金市场进步显著

美国芝加哥商业交易所（CME）集团下的COMEX黄金期货和白银期货规模均有所增长，交易量继续引领全球。COMEX黄金期货全年交易量[①]54.27万吨，同比增长8.34%，在全球主要交易所中排名第一（见图1.4）。白银期货交易量754.10万吨，同比增长0.96%，在全球主要交易所中排名第一（见图1.5）。

日本东京工业品交易所（TOCOM）黄金期货和白银期货规模稳步增长，印度多种商品交易所（MCX）黄金、白银期货市场交投回暖。东京TOCOM黄金期货交易量1.73万吨，同比增长2.38%，全球排名第四；白银期货交易量444.28吨，同比增长11.53%。印度MCX黄金期货交易量8,332.98吨，同比增长64.81%，全球排名第五；白银期货交易量44.56万吨，同比增长34.72%。

图1.4　全球主要交易所黄金成交量排名

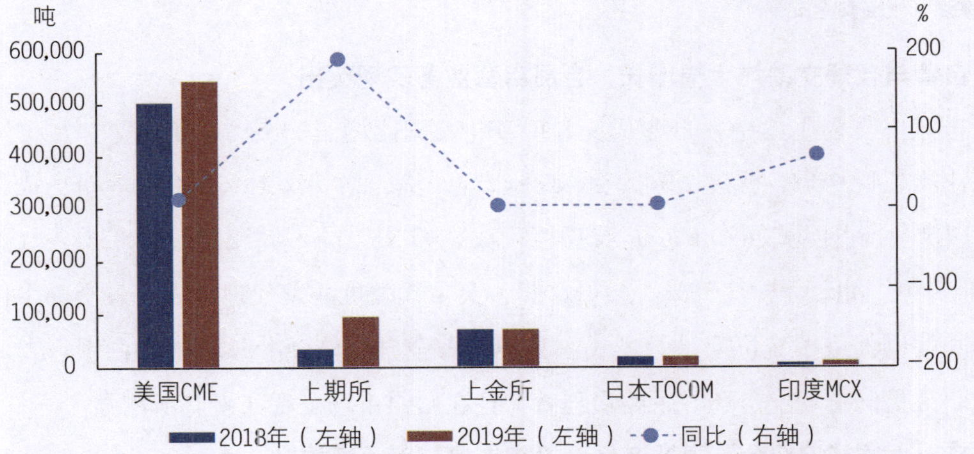

注：统计数据均为双边。
数据来源：上海黄金交易所。

① 统计数据来自各交易所官网，统计口径均为双边。

图1.5 全球主要交易所白银成交量排名

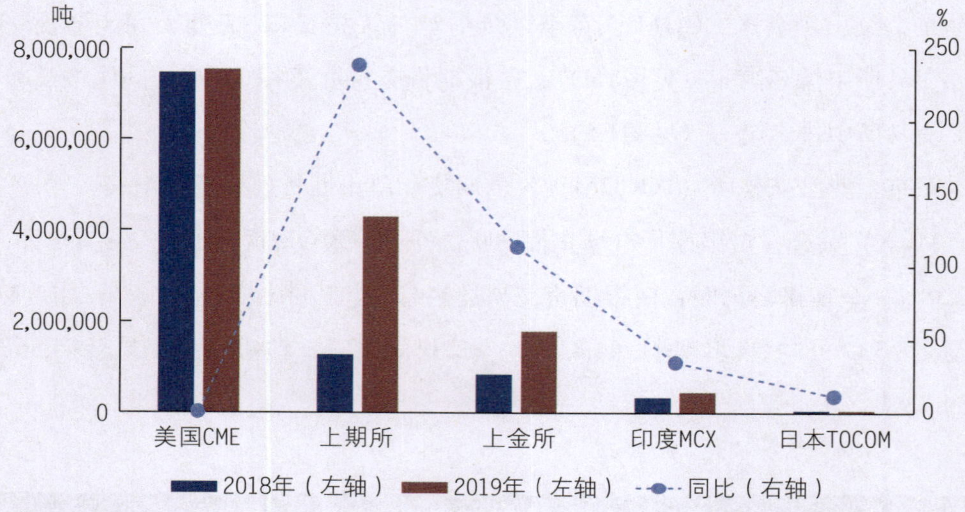

注：统计数据均为双边。
数据来源：上海黄金交易所。

4.自营与代理交易均大幅增长，会员自营业务表现突出

黄金竞价交易主体中，自营成交1.40万吨，同比增长23.61%；代理机构成交6,176.93吨，同比增长17.98%；代理个人成交6,871.65吨，同比增长80.18%。白银竞价方面，自营成交42.72万吨，同比增长403.62%；代理机构成交43.31万吨，同比增长74.03%；代理个人成交87.08万吨，同比增长93.39%。会员自营、会员代理机构及代理个人等各交易主体规模的普遍增长共同促进了竞价交易量增长。其中，黄金自营份额占51.79%和白银自营业务的增长，表明会员仍是黄金市场的主要参与者，且在白银市场上活跃度有所增强。

5.成功上线“沪纽金”延期产品，投资者参与度不断提升

上金所认真贯彻落实中国人民银行党委关于推进金融对外开放和上海国际金融中心建设战略规划，积极推进与CME跨市场合作，于2019年10月14日正式挂牌“沪纽金”延期产品，为投资者提供参与国际黄金市场的新渠道，为推进中国黄金市场国际化进程和上海国际金融中心建设发挥积极作用。全年，“沪纽金”延期合约成交量38.02吨，成交额128.48亿元；日均成交量667.07千克，日均成交额2.25亿元。

6.“上海银”定价合约正式挂牌

上金所于2019年10月14日正式推出“上海银”集中定价交易业务，努力打造中国白银

市场价格基准，切实服务产业链上下游企业，进一步提升了我国白银市场的影响力。自9月16日试运营以来，“上海银”定价业务共进行144场287轮交易，平均每场1.99轮，共成交2,504.52吨，成交额105.19亿元，日均成交34.79吨，日均成交额1.46亿元。市场参与主体包括15家会员单位与17家机构客户。

二、紧扣“市场化、国际化”发展脉络，增强金融服务实体经济能力

2019年，上金所在中国人民银行党委的正确领导下，严格落实中央重大决策部署和人民银行党委工作部署，坚持以人民为中心、以国家利益为使命、以服务央行履职为职责、以黄金市场稳健发展为目标，不忘初心、牢记使命，勇于担当、真抓实干，各项工作取得积极进展。

（一）紧跟市场“焦点”，精耕细耘国内黄金市场

一是延长交易时间，提升市场效率。加强中国黄金市场与全球市场联动效应，顺利实现午间连续交易，目前交易日开市时间已延长至13小时。二是降低交易成本，服务实体经济。实施延期合约的手续费率优惠，并继续实施竞价、询价、定价市场等手续费减收减免措施，2019年全年较2018年多减收减免各类手续费近1亿元。三是完善交易机制，丰富投资者结构。拓展做市商管理模式，推出线上交易经纪，完善特别法人户业务规范，加强程序化交易日常管理，积极对接理财子公司等新型投资者需求。四是拓宽服务范围，丰富服务内容。发布询价黄金期权波动率和白银远期价格曲线，积极推动黄金资产管理业务登记托管。

（二）突出创新“亮点”，着力推动产品业务创新

一是深化场内产品创新，推出“上海银”集中定价交易业务，优化熊猫金币“易金通”提货物流配送，丰富“上海金”内涵，全面推进“上海金”ETF系列产品。二是拓展场外业务范围，上线白银询价期权产品，持续推动履约担保产品建设，协助金融机构开发基于“上海金”定价的黄金现货和衍生产品。三是积极参与国际标准制定，推进国际黄金

公斤条标准制定，输出国际黄金质量标准的中国方案。

（三）研究服务业务发展，博士后管理工作逐步完善

通过大量深入研究，完成《上海黄金交易所2019—2021三年业务发展规划》及重点任务实施方案；加强对外调研，积极组织开展业务课题研究；认真完成人民银行、政府部门等布置的研究项目；继续开展创新产品研究；研究区域黄金市场创新发展课题；密切关注市场走势，举办季度形势分析会、撰写月度分析报告。

博士后管理工作逐步完善。根据全国博管委要求，全面修订《上海黄金交易所博士后科研工作站管理办法》；年内组织了两批博士后招收，5名博士后入站，3名博士后出站；举办了6次博士后科研评审会、5次博士后内部学术讨论会；制定了《上海黄金交易所博士后工作站专利工作试行办法》，启动博士后专利申请工作；申请全国博管委博士后科研课题，2名博士后获国家博士后科研基金资助。

三、各项业务板块发展稳中有进

（一）询价板块实施产品供给创新，市场能级大幅提升

一是询价交易额小幅增长。2019年全年，黄金询价累计成交4.03万吨，成交金额12.64万亿元，同比增长0.09%。其中，中国外汇交易中心平台成交2.49万吨，交易所平台主板业务成交0.98万吨，国际板业务成交0.56万吨，分别占比62%、24%、14%。

二是产品供给结构化创新。2019年7月上线白银期权产品，询价市场大类结构进一步完善。全年白银询价累计成交4.64万吨，成交金额1,775.68亿元，助力线下白银实物向交易所体系集聚。履约担保产品完成系统开发，于2020年元旦技术上线；完成业务制度起草、意见征集、业务推广等相关配套工作，持续推进履约担保产品建设。

三是价格基准建设持续深化。2019年元旦正式开启黄金询价期权波动率曲线线上报价功能；2019年6月6日起向全市场公开发布黄金询价期权波动率和白银远期价格曲线。依托

询价期权隐含波动率曲线建设，推动期权资管、衍生应用向“上海金”市场积聚，询价衍生价格基准正在成为深化“上海金”品牌建设的新元素。

四是国内外黄金市场联动效应加强。分阶段制订、完成询价市场延长交易时间方案。2019年1月21日起增加银行间市场15：00~17：00交易时段；2019年6月10日起增加交易所平台询价市场11：30~13：30交易时段。目前系统业务运行平稳。

五是各类市场要素加快集聚。加大对中小金融机构、国际机构的服务支持力度。银行间市场进一步扩容，银行间市场参与机构增长12%，形成银行间、银企、国际板询价充分联通的市场格局。进一步发挥经纪公司的市场功能，经纪机构进一步扩容，新增中诚宝捷思、平安利顺、天津信唐三家货币经纪公司开展询价经纪业务。《上海黄金交易所黄金租借业务总协议（2019年版）》《上海黄金交易所银行间黄金询价业务交易规则（2019修订版）》对市场正式发布，市场基础设施水平进一步提升。

（二）稳步推进信息系统建设，确保信息系统安全高效

一是信息系统建设平稳推进。完成报价交易系统一期等12个项目系统上线，做好保证金询价交易系统等8个项目的系统开发，完成交易系统国密改造等系统技术改造。二是强化系统安全管理，上线数据库专业监控工具，加强值班监控规范管理，提升网络安全防护能力。

（三）坚持底线思维，健全风险防控体系

一是完善风险管理系统建设。推进风控系统迭代开发，加强对异常波动的分析举证，及时进行交易参数调整，强化市场交易监控功能。二是积极参与风险监督框架构建。及时落实总行部署，参与构建风险监测框架，全面推进黄金市场交易报告库建设，协助做好金融市场风险控制协同管理。三是持续强化会员管理。修订发布《上海黄金交易所会员管理办法》等制度，完成会员分级试评分，启动个人代理业务“双录”工作，优化市场参与者结构。四是加强增值税发票开具管理，协助相关部门做好场外涉税案件处理工作。

四、健全金融基础设施职能，提升市场服务水平

（一）强化清算结算职能，规范业务发展

一是全面推进合格中央对手方建设，顺利通过中国人民银行总行外部评估；二是加入大额支付系统，进一步完善货币结算机制；三是抓好基础创新工作，主动防范化解结算风险；四是夯实清算业务制度基础，完善清算核心系统功能；五是开展存管银行考核，规范保证金存管业务；六是落实最低结算准备金制度，提升风险防范水平。

（二）提升交割仓储服务水平，全年运行平稳流畅

设立深圳工行国际板指定仓库，压缩黄金转口业务流程，推出“白银交割品种转换”功能。制定并对外发布场内黄金同业租借参考基准利率，为租借业务和相关衍生品定价提供参考，积极配合中国人民银行总行制定黄金租借管理办法，为市场参与主体提供合规保障。

（三）持续优化市场合作与服务

市场服务方面，积极践行金融基础设施职责，服务实体经济，助力重庆市政府、厦门市政府、新疆维吾尔自治区政府及“一带一路”沿线产金大省经济发展与转型；在西安成功举办“第四届全球黄金市场高峰论坛”，促进中外黄金市场对话与融合；共同参与伦敦金银市场协会2019年会的筹办；加大市场合作力度，与中国人民银行清算总中心、中国工商银行、中国银行、上海银行、复旦大学泛海国际金融学院开展战略合作；进一步创新会员服务，依托上海交大高级金融学院举办上金所首届“黄金高管研修班”，为黄金市场高质量、可持续发展储备人才。

品牌宣传方面，进一步优化媒体关系，全年发布各类新闻信息42期177篇，在境内外主要媒体落地相关报道共计17,013篇；首次将《中国黄金市场报告》公开出版，扩大了黄金市场影响力。

投资者教育方面，全年通过网站、微信公众号、“黄金大讲堂”、“走进上金所”、“易金通——投教学堂”以及联合监管部门、会员单位等方式加强投资者教育与交流，开

展现场活动40余场；启动“黄金市场风险教育宣传季”，加大风险揭示，引导理性投资，参与投资者超过45万人次；“全国黄金交易从业水平考试”2019年考点实现覆盖全国境内所有省份，设立4年累计报考9.9万人；首版黄金交易从业水平考试统编教材《黄金市场基础知识与交易实务》由中国金融出版社出版发行，销量超1.5万册。

互联网业务拓展方面，“易金通”全年交易量超过1.3万亿元，投资者超15万人，全年发布资讯600余篇，实现熊猫金币提货功能，联合工行、平安银行、交行在“易金通”举办模拟交易大赛，引导投资者审慎入市；按照中国人民银行部署，上线“黄金登记托管平台”并正式报送数据，完成黄金市场交易报告库的论证和立项。

（四）持续推动反洗钱工作

在中国人民银行的正确领导下，上金所根据“风险为本”原则，积极履行反洗钱义务，不断深化洗钱风险防控，持续推进贵金属行业反洗钱工作。一是2019年3月发布《上海黄金交易所会员反洗钱、反恐怖融资、反逃税自律指引》，在北京、上海、深圳面向150余家会员开展现场专题培训，指导会员切实履行反洗钱义务；二是完善内部制度和工作流程，提高洗钱风险监测能力，加强可疑交易日常监控；三是配合落实中国人民银行工作要求，积极组织会员开展反洗钱数据报送试点工作；四是通过官网、官方微信公众号、座谈会及会员走访等形式开展反洗钱宣传，赴十余个省份实地走访20余家会员，深入调研反洗钱工作现状，大力宣讲反洗钱工作要求；五是继续开展员工反洗钱培训，提升各岗位员工反洗钱工作技能；六是加强课题研究，探索适合贵金属行业的反洗钱工作模式。各项工作有序推进，上金所将继续发挥行业自律平台作用，推进贵金属行业反洗钱工作达到更高水平。

五、国际业务突破创新

（一）国际板市场运行情况

1.国际会员入会积极，国际板市场容量不断扩大

2019年，上海国际黄金交易中心（以下简称上金国际）成功招募6家公司成为国际会员。截至2019年底，上金国际已发展国际会员79家、国际客户85家，基本覆盖全球重要

的商业银行、贵金属企业和投资机构，市场参与主体规模进一步扩大，交易参与度不断提升。

2. 资金清算路径顺畅，跨境资金流转效率提高

国际板资金清算路径顺畅，资金跨区调拨规模可测、渗透风险可控。2019年，国际板净额资金清算量1,893.33亿元，日均清算量7.76亿元，同比增长49.94%。国际会员实现资金划转1,602.39亿元，其中转入资金591.79亿元，转出资金1,010.60亿元。跨境资金流出477.45亿元。截至2019年底，国际板共在中国银行等9家保证金存管银行开立8个自由贸易账户（FT账户）和1个境外结算专用账户；国际会员已开立182个FT账户，其中区内机构自由贸易账户（FTE账户）91个，境外机构自由贸易账户（FTN账户）91个，境外账户28个。

3. 国际板作为黄金进口渠道的作用日益显现

2019年，国际板进口渠道依然保持畅通，通过国际板进口的黄金占比持续提升，国际板已成为国内黄金进口的重要渠道。

4. 仓储体系进一步完善

2019年7月，国际板深圳仓库正式启用，不仅进一步完善了国际板的仓储体系，提升了国际板黄金实物的供给效率，而且对进一步辐射“一带一路”沿线国家和地区、丰富国际板黄金进口渠道功能、深化服务实体经济功能、加快推进国内黄金产业结构优化升级具有重要意义。

（二）启动“黄金之路”项目，探索“一带一路”沿线国家和地区合作新模式

在中国人民银行、各级地方政府相关部门的大力支持下，上金所联合国际会员推出“黄金之路”项目，推进中国优质的黄金加工制造产能与“一带一路”沿线国家和地区黄金产业对接，推动中国黄金制造产业产能向“一带一路”沿线国家和地区输出，同时吸引“一带一路”沿线黄金市场参与者向中国市场聚集，打造区域黄金交易和仓储转运中心。2019年8月8日，“黄金之路”项目首笔“黄金租借+珠宝加工”业务成品在深圳完成交接及复出口流程，标志着“黄金之路”业务新模式顺利实现。

（三）境内外市场合作不断加强

2019年，上金国际积极探索“走出去”路径，跨市场合作取得突破性进展。中俄两国黄金市场进一步联通，推动俄罗斯中央对手方国家清算中心银行成功入会，双方人员培训项目已顺利开展；推进与印度相关交易所的合作意向；促进与中国澳门等就黄金市场互联互通进行沟通交流。加强市场推介，拓展合作机遇，挖掘潜在的合作机会，提升国际板的市场认同度和影响力。

第二章

上海期货交易所市场

[上海期货交易所提供]

2019年，是中华人民共和国成立七十周年，也是上海期货交易所（以下简称上期所）成立二十周年。作为国家重要的金融基础设施，上期所在中国证券监督管理委员会（以下简称证监会）的领导和市场各方的支持下，以服务实体经济为宗旨，按照“敬畏市场、敬畏法治、敬畏专业、敬畏风险”的要求，紧紧围绕产品多元化、市场国际化、信息集成化、技术强所、人才兴所、全面风险管理等上期所“三五”战略规划，提供更高质量、更有效率的产品供给和金融服务，提升全球资源配置能力，努力打造一个规范、透明、开放、有活力、有韧性的期货市场和大宗商品定价中心。作为上期所的重要品种，黄金期货在2019年稳步运行，成交规模大幅增长，产品结构不断丰富，市场效率持续提升，“价格发现”和“套期保值”功能有效发挥，在稳定黄金企业生产经营、促进行业升级发展等方面发挥了积极作用，成为黄金市场的价格参考依据和重要风险管理工具。

一、市场运行情况综述

（一）成交情况

2019年，按单边统计，上期所黄金期货成交量4,620.86万手（约合4.62万吨），同比增长186.58%；成交金额15.00万亿元，同比增长238.91%（见图2.1和图2.2）。全年日均成交量18.94万手，日均成交金额614.60亿元，日均持仓量26.33万手，年末持仓21.94万手。此外，黄金期货期权于2019年12月20日在上期所正式挂牌交易，截至年底，累计成交量4.09万手，成交金额3.20亿元。

图2.1　2017—2019年上期所黄金期货成交量

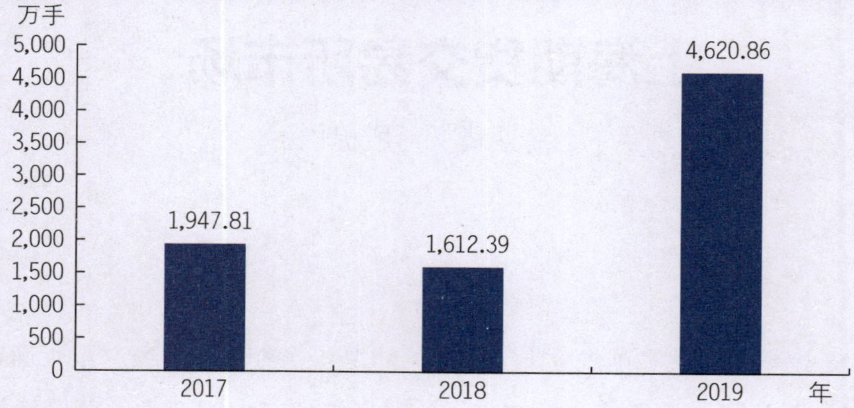

注：单边计算。
资料来源：上期所。

图2.2　2017—2019年上期所黄金期货成交金额

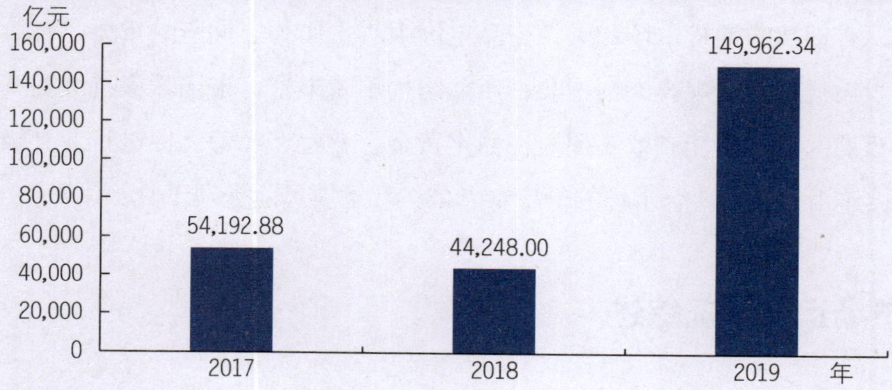

注：单边计算。
资料来源：上期所。

1. 月度成交量

2019年，黄金期货月度成交量均值为385.07万手（约合3,850.7吨），同比增加186.58%。全年月度成交呈震荡的趋势，成交量最高为8月的869.92万手（约合8,699.2

吨），最低为2月的156.69万手（见图2.3）。

图2.3　2017—2019年上期所黄金期货月度成交量对比

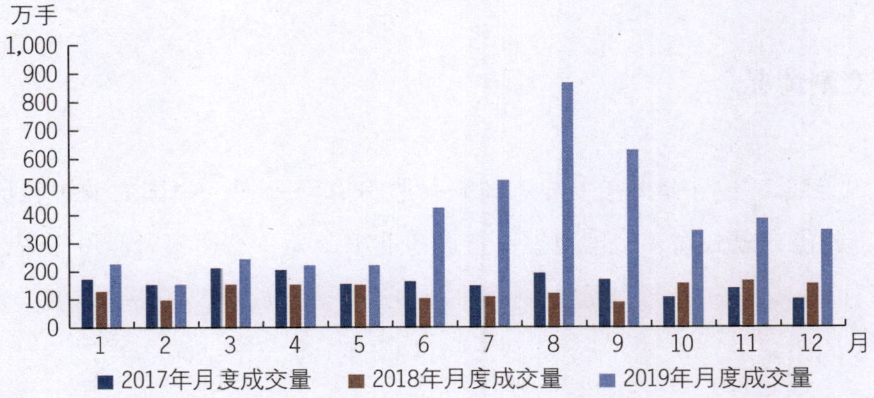

注：单边计算。
资料来源：上期所。

2. 月末持仓量

2019年，黄金期货月末持仓量均值为26.33万手（约合263.3吨），同比增加59.44%。其中，月末持仓最大为8月末的35.82万手，最小为1月末的18.65万手（见图2.4）。

图2.4　2017—2019年上期所黄金期货月末持仓量比较

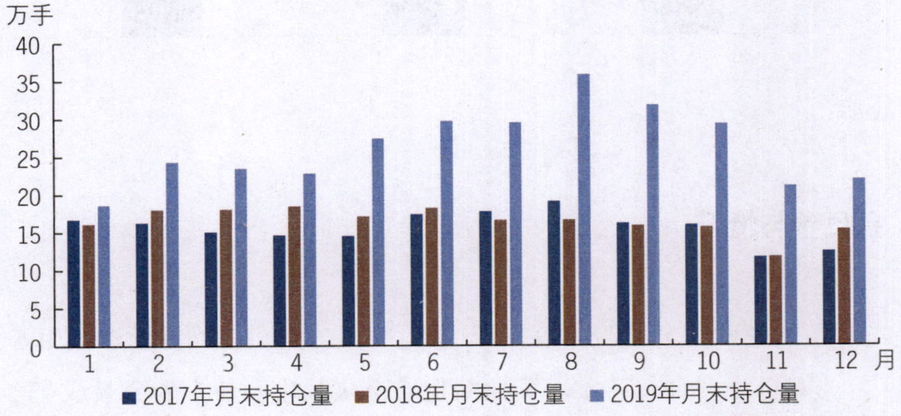

注：单边计算。
资料来源：上期所。

3.套保成交情况

2019年黄金期货套期保值交易量为360.27万手（折合3,602.7吨），同比增长175.19%；套期保值日均持仓量21.36万手（折合213.6吨），同比增加73.76%，日均持仓占市场总量的比例为40.55%，较2018年上升10.04个百分点。

（二）交割情况

截至2019年底，上期所共有中国工商银行股份有限公司、中国农业银行股份有限公司、中国银行股份有限公司、中国建设银行股份有限公司、交通银行股份有限公司、上海浦东发展银行股份有限公司6个指定交割金库，涉及39个存放点。2019年，黄金期货累计交割2,163千克，同比减少52.35%（见图2.5），月均交割180.25千克，全年交割率0.01%。

图2.5 2017—2019年上期所黄金期货交割情况

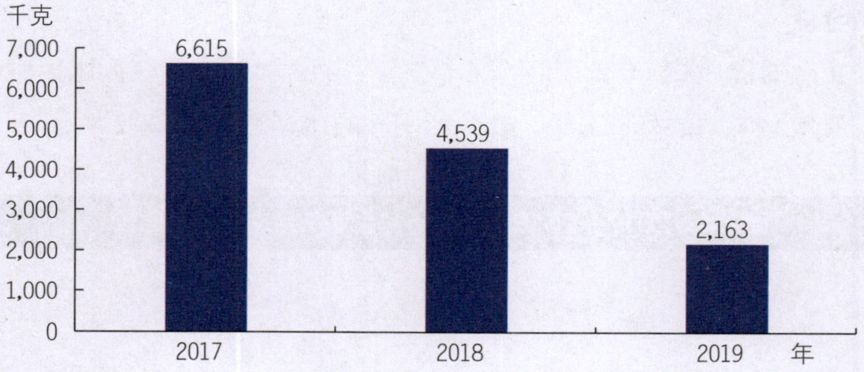

资料来源：上期所。

（三）会员参与情况

2019年，参与黄金期货交易的会员共171家，约占总会员数的86.36%。其中，期货公司会员147家，非期货公司会员24家。黄金期货成交金额排名前十的会员成交金额占比为52.71%，较2018年上升6.75个百分点。

二、市场价格情况

（一）国际黄金期货价格走势

2019年，国际黄金价格总体呈震荡上行的走势（见图2.6）。以芝加哥商业交易所集团（以下简称芝商所）COMEX分部的黄金期货为例，其主力合约年初开盘价1,285.0美元/盎司，最高价1,566.2美元/盎司（9月4日），最低价1,267.3美元/盎司（5月2日），年末收盘价1,523.1美元/盎司，较上年末收盘价上涨241.8美元/盎司，年涨幅达18.87%。

图2.6　2019年国内外黄金期货价格走势比较

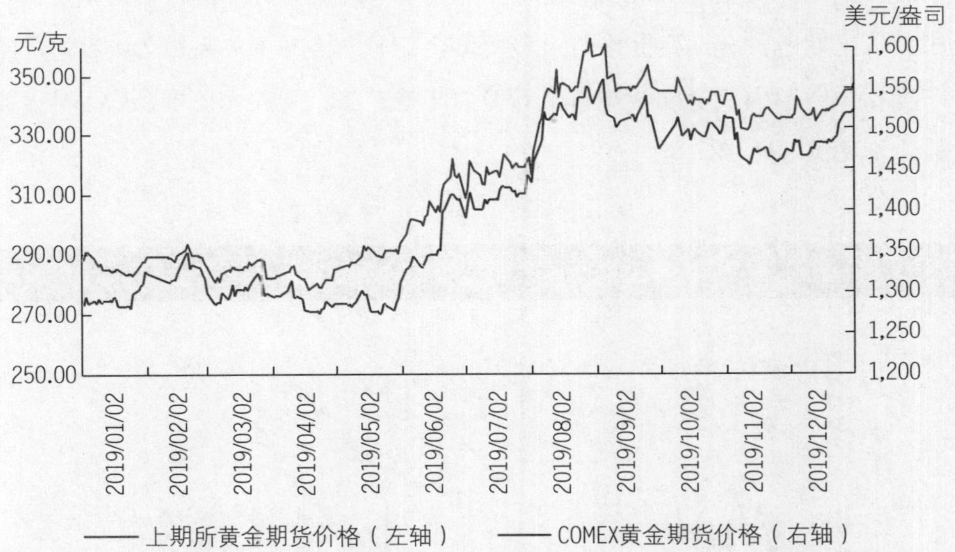

资料来源：上期所，路透。

2019年，全球经济增速持续下滑叠加低利率环境、宽松货币政策，尤其是美联储货币政策转向，提前结束缩表计划、三次降息并恢复购债行为，为国际金价提供了上涨动能。此外，全球贸易摩擦升温、地缘政治危机不断、各国央行持续增加黄金储备也对金价的震荡上行提供了有力支撑。从具体走势上看，年初，国际金价延续了2018年第四季度以来的反弹，震荡上行并于2月2日达到上半年高点1,349.8美元/盎司。随后，金价回落呈震荡走势并于5月2日达到年内最低点1,267.3美元/盎司。5月末，金价开始强势走高并在9月4日刷新六年多历史高位至1,566.2美元/盎司。其后，金价承压回落再次震荡调整并在12月下旬持续反弹至1,520美元/盎司附近。

（二）国内黄金期货价格走势

2019年，上期所黄金期货价格走势与国际黄金期货价格走势总体保持一致。上期所黄金期货主力合约年初开盘价287.55元/克（1月2日），最高价363.85元/克（9月4日），最低价277.80元/克（4月18日），年末收盘价347.48元/克，较上年末收盘价上涨59.63元/克，年涨幅达20.72%。

全年来看，上期所黄金期货价格与芝商所COMEX黄金期货价格的相关系数为0.9888，保持高度相关，上期所黄金期货价格与上金所黄金T+D价格的相关系数为0.9980，国内黄金期现价格高度相关。国内黄金期货与黄金T+D的基差走势，及其与芝商所COMEX黄金期货的价差走势分别见图2.7和图2.8。

图2.7　2019年上期所黄金期货与上金所黄金T+D基差走势

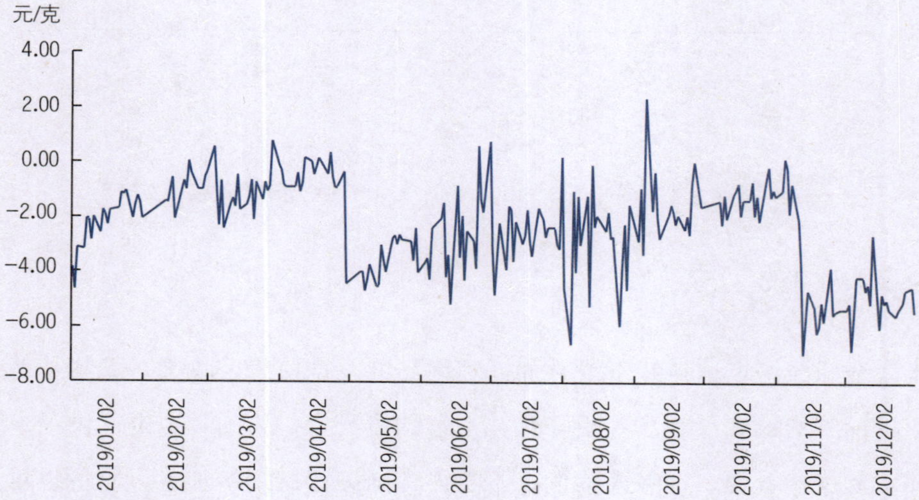

注：结算价。
资料来源：上期所，路透。

图2.8　2019年上期所黄金期货与芝商所黄金期货价差走势

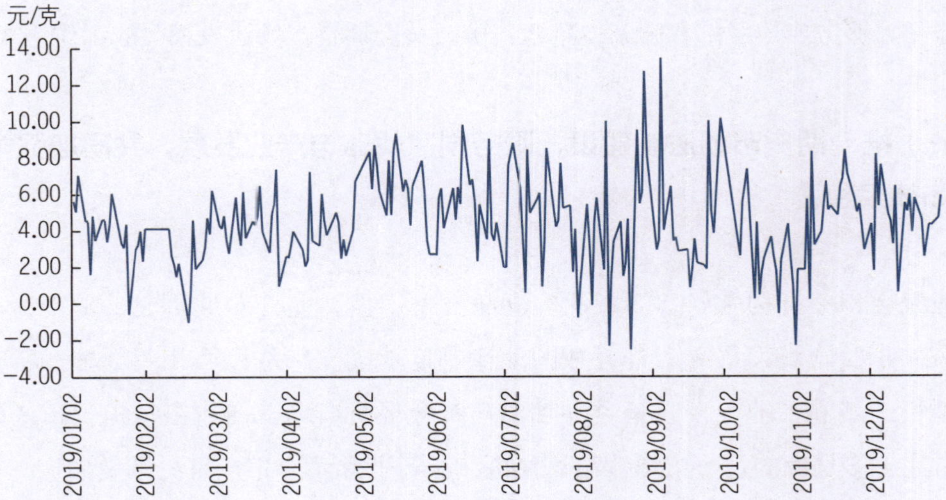

注：芝商所黄金期货价格为根据每日人民币汇率中间价换算成人民币价格的收盘价。
资料来源：上期所，路透。

（三）黄金期货价格波动情况

2019年，黄金期货价格波动明显增大，日收益率年化波动率为13.10%，较2018年提高6.24个百分点（见表2.1）。

表2.1　2017—2019年黄金期货日收益率年化波动率　单位：%

年度	2017	2018	2019
年化波动率	8.57	8.86	13.10

注：年化波动率根据日收益率标准差与年交易天数的算术平方根算出。采用收盘价。
资料来源：上期所。

三、市场建设情况

201 9 年，上期所以习近平新时代中国特色社会主义思想为行动指南，在证监会的坚强领导下，切实履行市场一线监管职责，以建设世界一流交易所为目标，多措并举推进产品创新、业务创新和技术创新，稳步落实上期所“三五”战略规划，发挥交易所重要金融基础设施作用，服务实体经济和国家战略，其中，黄金期货市场建设相关的工作主要如下：

（一）推动期货市场法制建设，服务国家战略与产业发展，共同加强多层次的黄金市场体系建设

一是配合相关机构做好《期货法》立法准备工作，完善对期货交易基础制度的法律保障，夯实期货市场发展和对外开放的法律制度基础。二是配合相关部委和行业协会，落实增值税改革和产业发展政策，并加强与黄金现货市场、商业银行柜台市场的互联互通，不断完善多层次的黄金市场体系，促进黄金行业和黄金市场可持续发展。三是积极对标国际行业规范，按照国际清算银行支付与结算体系委员会（CPSS）与国际证监会组织（IOSCO）技术委员会发布的《金融市场基础设施原则》（PFMI）进行合规性评估和信息披露，完善交易所法人治理结构，并获得证监会合格中央对手方（QCCP）的资质认定。

（二）实施产品多元化战略，推进贵金属期货市场供给侧结构性改革，不断提高市场运行质量

一方面，加大品种供给和业务创新，正式推出黄金期货期权和白银期货标准仓单交易，构建了期货、期权、标准仓单“一主两翼”的贵金属产品结构，为实体行业提供全新的专业风险管理系列工具。另一方面，做精做细贵金属存量品种，修订黄金期货最小变动价位、黄金期货交割实施细则等合约规则和限仓等参数设置。优化交易担保品管理，推动国债作为保证金方案落地，提速组合保证金项目，完成组合保证金数据测算、本土化方案设计等工作。修改有价证券保管费计收模式和结算准备金利息计算方式，解决市场实际问题。研究梯度保证金、交割流程优化修订方案，不断提高市场资金使用效率。创新开展黄金期货做市商业务，持续改善黄金期货连续性和价格形成机制，提升品种价格影响力与辐射范围，夯实上海黄金期货即“沪金”在国内乃至全球配置资源的基础。

（三）提升机构投资者规模和质量，优化黄金期货参与者结构，发挥期货市场的套期保值功能

依法拓展各类资金的入市渠道，积极发展长期机构投资者，维护和巩固黄金期货市场良好发展势头。一是积极吸纳银行机构成为交易所非期货公司会员，充分发挥商业银行“期货市场稳定器”的作用。截至2019年末，共有20家商业银行成为交易所会员，可以通过自营的方式参与黄金期货交易。二是积极推进证券公司、基金公司、期货公司、风险管理公司等非银行金融机构参与期货市场。截至2019年末，共有特殊单位客户（包括期货公司资管、券商集合理财以及基金专户等）超过1.2万个。三是实施“大推广”服务理念，会同行业协会和现货市场等，通过国际黄金会议、产业基地项目、“期货大讲堂”等多种方式，加强投资者教育和期货人才培养，拓展期货工具的应用场景和使用效果，提升黄金产业竞争力和风险抵抗力。

（四）贯彻全面风险管理和安全生产理念，深化期货市场看穿式监管，牢牢守住不发生系统性风险的底线

一是发挥“大监查”协同效应，完善风险监测、预警和处置机制，严厉打击各类违法违规行为，不断提升一线监管效能和震慑作用，全面开展看穿式监管工作，并完善以监管会员为中心的监管模式，切实维护市场“三公”（公开、公正、公平）原则，保护投资者合法权益。二是密切关注黄金期货市场动态，及时评估黄金期货市场风险，提前制定多种风控预案和应对措施，防范和化解异常波动风险，保障黄金期货市场的平稳运行。三是建设“大风控”和“大运行”体系，全面梳理风险清单和运作流程，坚持问题导向和求解思维，强化内部风险控制和标准化操作整合，落实安全生产主体责任，确保改革发展的稳定环境。

（五）加强基础设施建设，保持技术领先优势，夯实业务发展基础

一是在ISO 20000技术系统管理体系的基础上，持续优化交易、结算、风控等核心系统，并加快新一代技术系统建设，提升系统的自动化水平。二是开发会员端技术系统，为

会员提供更为便利和灵活的技术服务手段，正式上线二代行情系统，提升行情接收速度，丰富市场交易数据，提供更高质量、更高效率、更低成本、更加公平的行情服务，为业务发展提供技术保障。三是将“以客户需求为主导、以需求满意率公正为指导”，正式上线国内第一套自主研发的交割配对自动化系统，在交割分配公平的前提下，更好地满足实体企业个性化、定制化需求，提高运营效率，降低交割成本，提升市场整体满意度。

四、工作展望

面对国内外风险挑战明显上升的复杂局面，作为资本市场和多层次黄金市场体系的重要组成部分，中国的黄金期货衍生品市场既面临前所未有的机遇，也面临前所未有的挑战。站在新的历史起点上，新时代向黄金衍生品市场提出了新的要求，需要加速建设一个与实体经济发展程度相匹配、与风险管理需求相适应、竞争力强的黄金期货衍生品市场体系。下一步，上期所将在证监会的领导下，以服务实体经济为出发点和立足点，按照“以世界眼光谋划未来、以国际标准建立规则、以本土优势彰显特色”的基本思路，对标国际领先交易场所，不断优化运行体制机制，加快推进黄金衍生品市场创新，助力黄金行业高质量发展。

（一）强化金融属性，助力黄金行业和黄金市场高质量发展

借鉴国内外黄金市场的有益经验，以市场需求和实际问题为导向，在风险可控的前提下，对黄金期货进行系统化升级，尤其是对交易、结算、交割等关键问题，在法律制度、业务规则和技术系统等多个层面进行创新推动，不断提升金融化和便捷化水平，为市场各方提供低成本、高效率的风险管理工具。同时，以信息技术创新为抓手，发掘深层次的信息资源，为生产具有国际影响力的黄金价格提供有力支撑。

（二）完善产品结构，服务实体经济发展和全球资源配置

进一步加大有效产品供给，加快黄金期货国际化研究，加大贵金属后续品种、贵金属

指数期货、ETF衍生品等开发力度，优化贵金属板块“一主两翼”产品结构，完善多层次、广覆盖、差异化的期现货市场体系，主动融入“一带一路”倡议、人民币国际化和国际金融中心建设等国家战略，为参与者在“请进来、走出去”过程中提供更加有效和精细化的避险工具，通过衍生品协助全球客户管理价格风险。

（三）扩大对外开放，增强我国期货市场国际定价影响力

中国的黄金衍生品市场是在全球贸易流程流向、行业经营重点重心、技术网络不断发展进化的环境中，由全市场参与者共同搭建起来的价格信息中心，通过服务实体经济，连接市场、资源、产品、物流和产业链上下游，为全球黄金市场定价源源不断地输出“中国声音”。因此，要进一步加强境内外、期现货市场互联互通，不断通过“上海价格”辐射全球，增强我国期货市场国际定价影响力。

（四）拓宽入市渠道，满足经济社会发展和人民日益增长的财富管理需要

中外的发展实践表明，黄金期货作为主要的避险资产，在增强财富管理效果和稳定性方面具有不可或缺的作用。广大投资者，特别是大型黄金生产、消费企业和金融机构，积极参与黄金期货市场，不仅可以通过套期保值操作规避价格波动风险，还可以通过趋势投资来优化资产配置、分享经济发展成果。上期所将努力践行以人民为中心的理念，持续加强产品创新，不断提高市场运行效率和运行质量。

（五）防控金融风险，牢牢守住不发生系统性风险的底线

当前，金融风险构成的交叉性和复杂度日益提升，给金融安全带来了新的挑战，也对金融风险防范的穿透性、精准性和实时性提出了更高的要求。作为风险的第一道防线，上期所将在不断提高法制化、专业化、市场化、国际化水平的同时，落实国家总体安全观，并且持续提升开放环境下的监管能力，加强国际跨境监管合作，切实维护衍生品市场公开、公平、公正。

第三章

商业银行黄金业务

[中国人民银行上海总部提供]

2019年，商业银行仍然发挥黄金市场交易主体的作用：在上金所的黄金交易占比超过80%，在境内开展的各项柜台黄金业务量总体保持增长，在境外开展的境外黄金业务量有所下降。

一、商业银行在上金所的黄金交易量下降

2019年，商业银行在上金所的黄金交易总量达56,202.19吨（含自营和代理）（见图3.1），同比下降5.20%，成交金额175,867.57亿元，同比增长9.45%。从自营和代理交易结构看，自营交易黄金48,925.93吨，同比下降10.4%；代理交易黄金7,276.25吨，同比增长39.22%，其中代理企业交易黄金996.97吨，代理个人交易黄金6,279.28吨。从竞价、询价、定价交易方式看，银行竞价交易黄金16,136.50吨，同比增长26.16%；询价交易黄金38,955.17吨，同比下降14.65%；定价交易黄金1,110.52吨，同比下降20.88%。商业银行分别占竞价、询价、定价黄金交易量的59.62%、96.57%、95%。

图3.1 商业银行在上金所的黄金交易量及占比变化情况

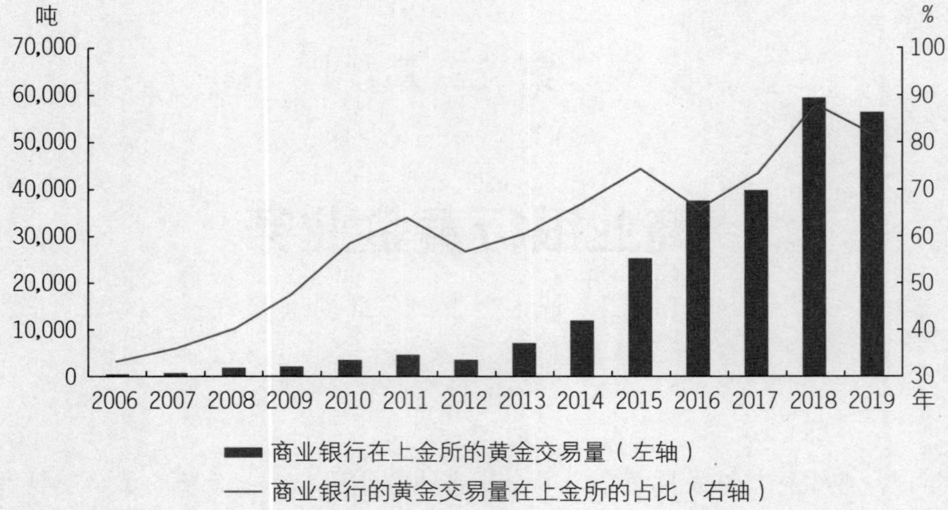

二、商业银行场外黄金业务量保持增长

2019年，商业银行在境内开展的各项场外黄金业务累计成交1.02万吨，同比增长7.81%，其中账户金、黄金拆借、黄金理财业务增长，实物金销售、黄金租赁、黄金远期业务下降。

（一）实物黄金销售量下降，黄金回购量增长

2019年，包括自营品牌金、代理品牌金、黄金积存（含定投）在内的实物黄金累计销售208.16吨，同比下降18.18%，销售金额692.79亿元，同比下降7.78%。其中，黄金积存（含定投）销售111.64吨，同比下降24.08%；自营品牌金销售76.05吨，同比下降6.94%；代理品牌金销售20.47吨，同比下降20.10%（见图3.2）。从实物金回购及赎回情况看，2019年商业银行累计回购及赎回量达197.58吨，同比增长46.49%。其中，自营和代理品牌金的回购量分别为40.00吨和22.27吨，分别较上年同期增长186.99%和114.13%。黄金积存（含定投）的赎回量为135.37吨，同比增长22.44%。

图3.2　商业银行实物黄金交易量情况

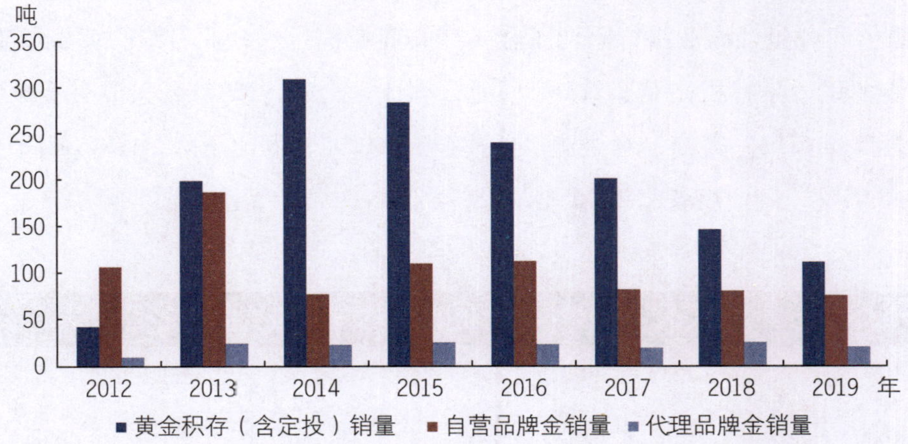

（二）账户金交易量持续增长

2019年，全国有13家商业银行开展了账户金业务，双边累计成交3,513.44吨，交易金额11,133.82亿元，同比分别增长10.88%和30.43%。其中，人民币账户金累计成交3,277.63吨，同比增长9.84%；美元账户金累计成交235.81吨，同比增长27.71%（见图3.3）。

图3.3　商业银行账户金交易量情况

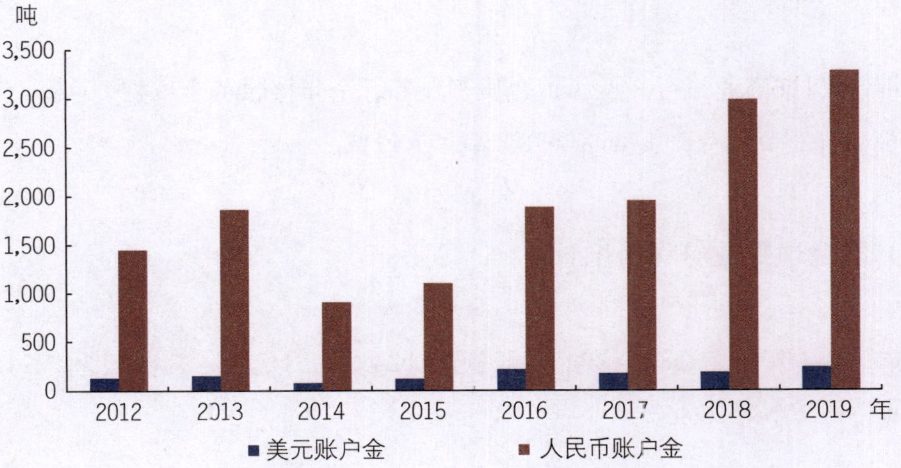

（三）对客黄金租赁业务下降，同业间黄金拆出量增长

黄金租借业务包括商业银行同业黄金拆借和商业银行对企业客户的黄金租赁两部分。2019年，商业银行累计租出黄金2,217.15吨，同比上升24.91%，名义成交金额6,887.13亿元，同比上升40.61%。其中，对企业租赁黄金769.12吨，同比下降21.88%；同业间累计拆出黄金1,448.03吨，同比增长83.16%（见图3.4）。

图3.4　商业银行黄金租借业务交易量及变化情况

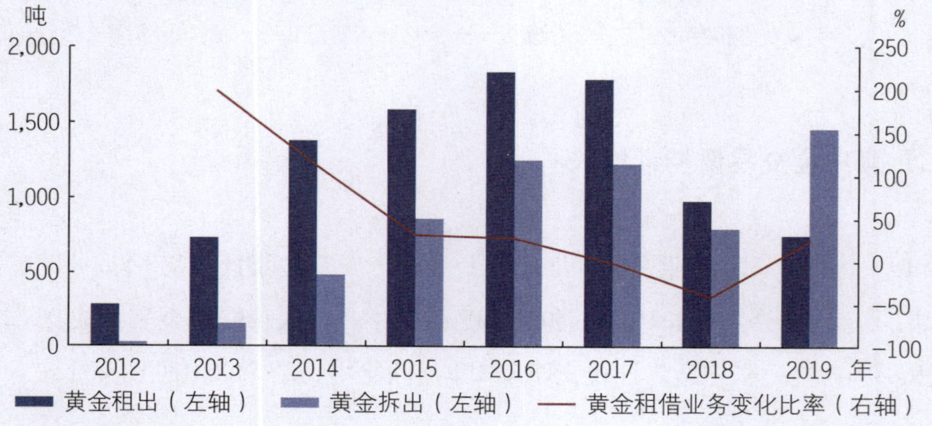

（四）黄金质押业务大幅减少

2019年，仅1家商业银行开展了黄金质押业务，全年接收黄金质押0.04吨，发放黄金质押贷款0.068亿元，同比分别大幅下降78.8%和77.59 %。

（五）黄金理财业务保持增长

2019年，商业银行黄金理财产品发行额累计24,683.21亿元，赎回额为21,213.56亿元，同比分别增长31.70%和16.46%。

（六）境内黄金衍生品业务同比增长

商业银行在境内开展的场外黄金衍生品业务包括以美元和人民币计价的黄金远期、黄金期权、黄金掉期和黄金互换。2019年，商业银行境内开展的各类黄金衍生品累计成交4,318.2吨，同比增长8.51%。从产品结构来看，黄金掉期成交3,056.53吨，同比增长23.16%；黄金期权成交445.96吨，同比增长35.03%；黄金远期成交562.21吨，同比下降51.85%；黄金与人民币利率互换产品成交253.5吨。从币种结构看，以人民币计价的黄金衍生品达1,318.11吨，同比增长6.32%；以美元标价的黄金衍生品为3,000.08吨，同比增长9.50%。

三、商业银行境外黄金业务总体有所下滑

商业银行境外黄金交易仍以黄金即期、黄金远期、黄金掉期、境外黄金租借为主，还包括少量的黄金期货和黄金期权。2019年，我国商业银行境外黄金交易累计成交2,3347.12吨，同比下滑17.48%（见图3.5）；成交的名义本金额为10,374.3亿美元，同比下滑10.05%。

图3.5　商业银行境外黄金交易总量情况

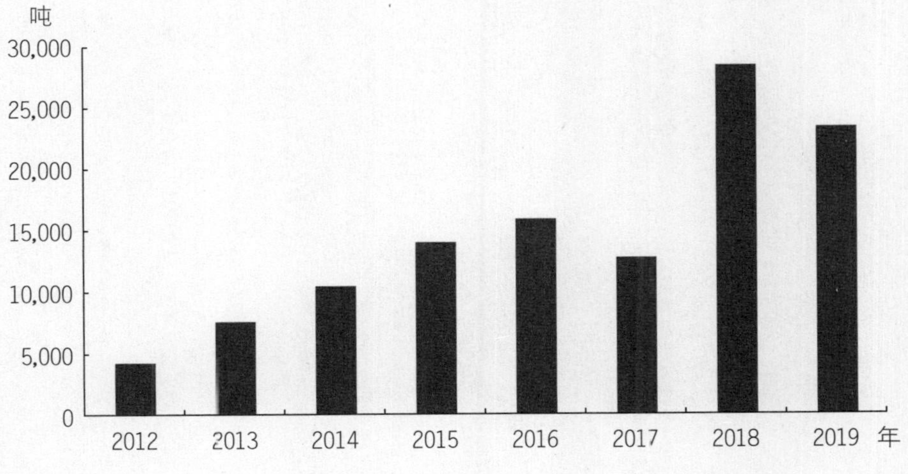

其中，黄金即期累计成交4,072.91吨，同比下滑15.92%；黄金远期累计成交1,275.59吨，同比下滑25.92%；黄金掉期累计成交12,782.5吨，同比增长9.41%；黄金期货成交89.14吨，同比下滑40.01%；黄金期权成交188.55吨，同比增长38倍多；境外黄金租借4,925.28吨，同比下降50.2%；其他美元黄金衍生品13.15吨。

第四章

黄金供应与需求

[中国黄金协会提供]

2019年，我国黄金供应量为1,705.70吨，与2018年相比减少190.80吨，同比下降10.06%。其中，成品金500.42吨，同比下降2.62%；回收金464.68吨，同比增长66.19%；进口金740.60吨，同比下降32.86%（见表4.1）。

表4.1　2019年我国黄金供需平衡表　单位：吨、%

	2019年	2018年	同比增减
一、黄金供应			
（一）成品金	500.42	513.90	−2.62
（二）回收金	464.68	279.60	66.19
（三）进口金	740.60	1,103.00	−32.86
总供应	1,705.70	1,896.50	−10.06
二、黄金需求			
（一）黄金消费	1,002.78	1,151.43	−12.91
1.黄金首饰	676.23	736.29	−8.16
2.金条及金币	225.80	309.20	−26.97
3.工业用金及其他	100.75	105.94	−4.90
（二）黄金首饰及制品出口	248.57	260.67	−4.64
（三）投资需求	293.15	351.18	−16.52
1.黄金ETF	−0.31	−4.27	—

续表

二、黄金需求			
2.机构流转及配置	293.46	355.45	-17.44
（四）官方净买入	95.80	9.95	862.81
总需求	1,640.30	1,773.23	-7.50
三、供需平衡			
当年新增库存	65.40	123.27	-46.95

资料来源：中国黄金协会。

2019年，我国黄金需求量为1,640.30吨，与2018年相比减少132.93吨，同比下降7.50%。其中，消费需求1,002.78吨，同比下降12.91%；黄金首饰及制品出口248.57吨，同比下降4.64%；投资需求293.15吨，同比下降16.52%；官方净买入95.80吨，同比增长862.81%。

2019年，我国黄金库存变化项新增65.40吨，同比下降46.95%。2019年，我国黄金生产、消费继续保持世界第一位。

一、黄金供应结构

2019年，我国黄金供应结构如下：成品金500.42吨，占比29.34%；回收金464.68吨，占比27.24%；进口金740.60吨，占比43.42%。进口金仍是我国最大的黄金供应源（见表4.2）。

表4.2 2019年我国黄金供应结构 单位：吨、%

类别	2019年	2018年	同比增减量	同比增减比例	占比
成品金	500.42	513.90	-13.48	-2.62	29.34
回收金	464.68	279.60	185.08	66.19	27.24
进口金	740.60	1,103.00	-362.40	-32.86	43.42
总 计	1,705.70	1,896.50	-190.80	-10.06	100.00

资料来源：中国黄金协会。

（一）成品金

1.国内原料黄金产量与进口原料黄金产量

2019年，全国总计生产成品金500.42吨，同比下降2.62%。其中，国内原料黄金产量380.23吨，下降了5.21%，连续十三年成为全球最大黄金生产国；进口原料黄金产量120.19吨，同比增长了6.57%。受自然保护区内矿业权清退、矿业权出让收益政策、氰渣作为危险废物管理、矿山资源枯竭等因素的影响，河南、福建、新疆等重点产金省份矿产金产量下降。国内黄金矿山的大幅减产，致使国内黄金冶炼原料供应趋紧，进口黄金冶炼原料有所上升，并已成为我国黄金生产的重要补充。

2.矿产金与有色副产金

2019年，在国内黄金原料产量中，矿产金完成314.37吨，比2018年下降9.13%；有色副产金完成65.86吨，比2018年上升19.42%。

3.重点产金省份（含进口料产金）

2019年，我国黄金产量前五名省份是山东省、河南省、江西省、甘肃省和云南省，黄金成品金产量分别是188.18吨、90.17吨、44.21吨、28.08吨和25.68吨（见表4.3）。这五个省份的黄金成品金产量合计376.31吨，占全国成品金总产量（含进口料产金）的75.20%，比上年上升了6.39个百分点。

表4.3　2019年重点产金省份成品金产量前五名情况　　单位：吨、%

排名	省份	2019年	2018年	同比增长率
1	山东省	188.18	176.70	6.49
2	河南省	90.17	89.04	1.27
3	江西省	44.21	40.54	9.04
4	甘肃省	28.08	24.23	15.85
5	云南省	25.68	23.08	11.27

延伸阅读

截至2018年底，全国黄金查明资源储量13,638.40吨，同比增长3.36%。2018年是我国黄金查明资源储量连续增长的第十四年，是突破万吨大关的第四年。

2018年，黄金查明资源储量增长量最多的是山东、河南和湖南省，分别增长了173.54吨、67.50吨、56.64吨。以上3个省共计增加黄金查明资源储量297.68吨，占全国2018年新增黄金资源储量的67.22%。

（二）回收金

2019年，我国黄金精炼加工总量为1,193.34吨，其中回收金量为464.68吨，同比增长66.19%，占总供应量的比重为27.24%。黄金价格的上涨刺激了回收金的增长。

2019年，我国精炼产量前五名的精炼厂分别是山东黄金冶炼有限公司、山东招金金银精炼有限公司、深圳市众恒隆实业有限公司、紫金矿业集团黄金冶炼有限公司、深圳市翠绿金业有限公司。前五家精炼厂总计产量657.79吨，占全国精炼加工总量的55.12%。

（三）进口金

根据海关黄金进出口数据估算，2019年，我国黄金市场进口金数量为740.60吨，同比下降32.86%，占总供应量的比重为43.42%。2019年，我国黄金市场进口金数量大幅下降，仅次于瑞士，是世界第二大黄金进口国。

二、黄金需求结构

2019年我国黄金需求总量为1,640.30吨，比2018年减少132.93吨，同比下降7.50%（见表4.4），仍保持世界第一。其中，黄金消费需求1,002.78吨，连续七年成为全球第一大黄金消费国，与2018年同期相比减少148.65吨，下降12.91%，占总需求的61.13%；黄金首饰及制品出口248.57吨，占总需求的15.15%；投资需求293.15吨，占总需求的17.87%。

表4.4　2019年我国黄金需求量结构　单位：吨、%

类别	2019年	2018年	同比增减量	同比增减	占比
一、黄金消费	1,002.78	1,151.43	−148.65	−12.91	61.13
1.黄金首饰	676.23	736.29	−60.06	−8.16	41.23
2.金条及金币	225.80	309.20	−83.40	−26.97	13.77
3.工业用金及其他	100.75	105.94	−5.19	−4.90	6.14
二、黄金首饰及制品出口	248.57	260.67	−12.10	−4.64	15.15
三、投资需求	293.15	351.18	−58.03	−16.52	17.87
1.黄金ETF	−0.31	−4.27	3.96	—	−0.02
2.机构流转及配置	293.46	355.45	−61.99	−17.44	17.89
四、官方净买入	95.80	9.95	85.85	862.81	5.84
总计	1,640.30	1773.23	−132.93	−7.50	100.00

资料来源：中国黄金协会。

（一）黄金消费

1.黄金首饰

2019年，黄金首饰消费量为676.23吨，占总需求量的41.23%，比2018年减少60.06吨，同比下降8.16%。受经济下行压力增大等因素影响，国内黄金消费疲软，尤其随着下半年黄金价格的不断攀升，黄金首饰消费出现明显下滑，未能延续上半年同比增长的趋势。

2.金条及金币

2019年，金条及金币消费量为225.80吨，比2018年减少83.40吨，同比下降26.97%，占总需求的13.77%。黄金价格的高企，导致实金投资者持谨慎观望态度，重点企业及商业银行金条销量也出现大幅下降。

3.工业用金及其他

2019年，我国工业用金及其他需求量为100.75吨，比2018年减少5.19吨，同比下降4.90%，占我国黄金总需求的6.14%。黄金价格的不断攀升，导致工业用金企业用金量有所下滑。

（二）黄金首饰及制品出口

2019年，根据海关进出口数据估算，我国黄金首饰及制品出口248.57吨，占总需求量的15.15%，比2018年减少12.10吨，同比下降4.64%。2019年，我国黄金首饰及制品出口由增长转为下降。

（三）投资需求

1.黄金ETF

截至2019年底，国内黄金ETF持有量为44.71吨，较2018年末减少0.31吨。从份额看，国内市场的4只黄金ETF基金中，规模最大的华安黄金易ETF（518880）份额出现下降，国泰黄金ETF（518800）和易方达黄金ETF（159934）份额大幅增长，博时黄金ETF（159937）份额也小幅增长。

2.机构流转及配置

2019年，机构流转及配置黄金需求293.46吨，较2018年减少61.99吨，同比下降17.44%，占总需求量的17.89%。

（四）官方净买入

在全球经贸摩擦不断加剧、世界主要经济体经济下行压力增大、全球范围货币宽松愈演愈烈、地缘政治危机加剧的情形下，各国央行持续增加黄金储备。2019年，我国合计增加黄金储备95.80吨，截至2019年12月底，我国官方黄金储备为1,948.32吨，位列全球第七。

第五章

国际黄金市场概述

[世界黄金协会提供]

一、全球黄金市场概况

2019年上半年与下半年的黄金需求表现截然不同：上半年大多数行业黄金需求的韧性、增长与下半年的疲软形成鲜明对比。2019年下半年全球黄金需求同比下滑10%，尤其是在金饰、零售金条与金币消费方面。全球央行购金量同样有所下降，但这应部分归咎于高基数效应：前几个季度的央行购金需求十分强劲。即便如此，2019年央行购金量还是达到了五十年来的历史第二高位的650.3吨。全球黄金ETF规模的上升对支撑整体黄金需求起到了支柱作用。投资者在前三个季度对黄金ETF兴趣盎然，总流入达到了256.3吨。科技用金需求在2019年出现了小幅下滑。全年黄金供应量上升至4,776.1吨，增幅为2%。而该增长完全来自回收金供应与对冲需求的上升，金矿供应下降1%至3,463.7吨。

图5.1　2019年，全球黄金ETF规模的大幅增长几乎抵消了消费需求的显著下滑

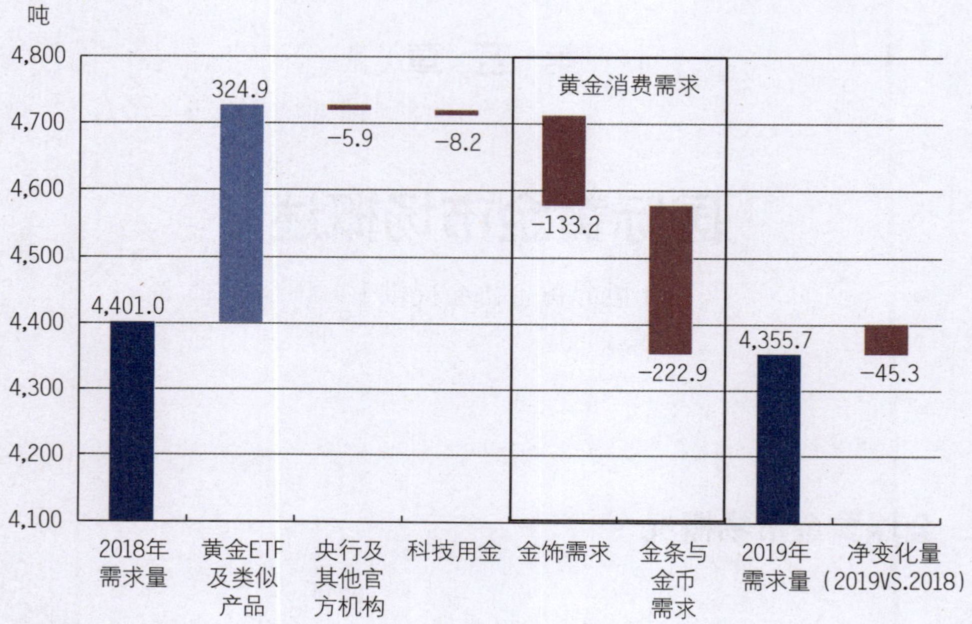

资料来源：Metals Focus，世界黄金协会。

全年亮点

★ 2019年第四季度黄金总体需求同比下滑19%，降至1，045.2吨。主要影响因素为高金价导致的金饰和金条需求的疲软。

★ 全球黄金ETF及类似产品的流入令总持仓达到了2，885.5吨的年终历史新高。全年大多数的流入集中在第三季度，在该季度，美元金价升至六年以来最高。

★ 全球央行已连续十年成为黄金的净买家：全球黄金储备资产在2019年增长了650.3吨（同比下滑1%），全年增量为五十年来第二高。

★ 中国与印度基本主导了全球的黄金消费需求。这两个全球最大的黄金需求国的消费减弱部分，占全球第四季度金饰与零售投资需求降幅的80%。高金价和疲软的经济环境是

主要影响因素。

★ 全球黄金供应在2019年小幅上升2%至4,776.1吨。主要影响因素在于回收金供应上升11%。2019年的金矿供应则略降至3,463.7吨，这也是金矿供应十余年以来首次下滑。

★ 第四季度的平均金价为1,481美元/盎司。这是自2013年第一季度以来的最高季均价。而以其他货币如欧元、印度卢比以及土耳其里拉计价的黄金价格均达到了历史最高。

二、黄金饰品需求

下半年黄金价格的大幅上涨削减了全球金饰需求：全年需求下降6%至2,107吨。

★ 第四季度金饰需求降至2011年以来的最低水平，同比下降10%至584.5吨。

★ 印度和中国市场的疲软是全球金饰需求下降的主要原因。

★ 但金饰需求的价值却有所上升：以美元计价的全年金饰需求总价值为五年来最高水平，达943亿美元（年环比上升3%）。

（一）印度

在印度，第四季度需求同比17%的下降使整个下半年的金饰需求下滑了24%。造成下半年疲软的主要因素包括金价上涨（第三季度已达到创纪录水平）、国内经济放缓以及农村需求减弱。婚礼季和零售商的促销活动在一定程度上抑制了这种下降趋势。

10月25日是排灯节（Diwali）的第一天，即，Dhanteras但并未能提振第四季度的黄金需求，因为印度国内金价上涨和疲软的经济预期抑制了黄金的销售。

但在印度全国和区域连锁店中，增长放缓的现象并不明显。连锁店能在Dhanteras期间提供更有吸引力的促销活动，一些连锁店还为排灯节和婚礼季推出了新品系列，尽管金价上涨，但这些行为支撑了它们的销量。

图5.2 金价上涨及经济增长放缓是导致印度和中国金饰需求下降的主因

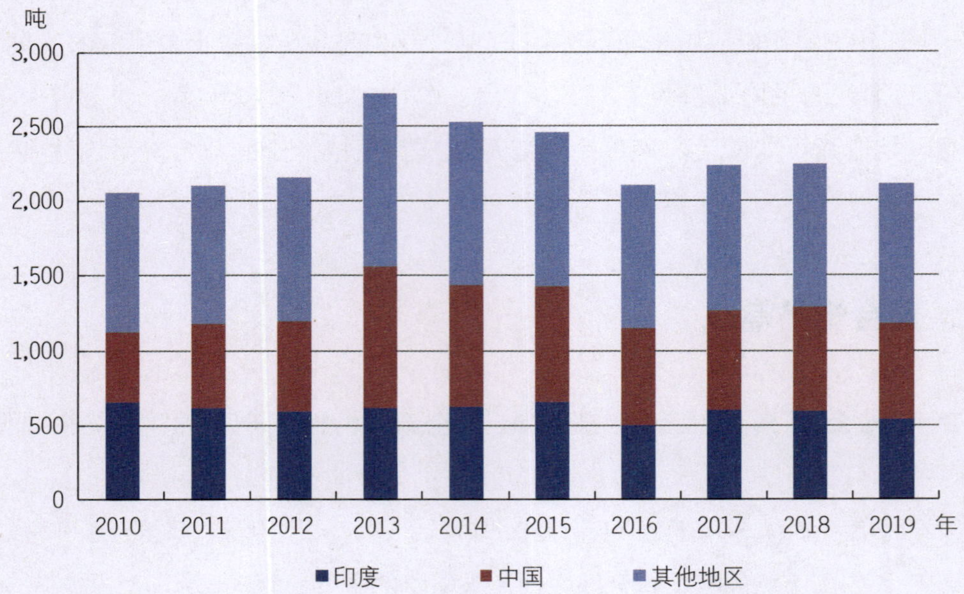

资料来源：Metals Focus，Refinitiv GFMS，世界黄金协会。

同样，对高价值商品的需求也更具韧性。高价值商品的销量相对乐观。这反映出高端行业的韧性，充满挑战性的环境对其消费影响较小。

印度黄金市场继续朝着监管化和标准化的方向努力。2020年的最初几周，印度黄金市场出现了两个重要的发展标志：关于黄金饰品强制打标的通知以及印度黄金交割标准的引入。

（二）中国

中国连续多年成为全球最大的金饰消费市场，2019年第四季度金饰需求出现同比下滑。在连续五个季度出现萎缩后，2019年全年需求同样出现下降。经济放缓、通胀加剧、金价上涨以及年轻一代的品味转变（更偏好设计时尚的轻型金饰）是导致2019年金饰需求走弱的主因。

传统24k金饰的市场份额持续下滑，而创新型金饰产品的市场份额则不断增长。占中国金饰市场最大份额的传统金饰的销量表现相对疲弱，拉低了整体的金饰需求。但由于年轻消费者更加青睐设计时尚、重量较轻的金饰品，创新产品的市场份额持续上升。

古法金在2019年表现不俗。这些厚重的24K金产品在中年群体中备受欢迎。此外，通过融入“国潮”[①]，并利用技术手段减轻产品重量，古法金也成功吸引到了年轻消费者。2019年全球消费者调查结果显示，中国的年轻一代不相信黄金饰品能帮助他们在人群中脱颖而出，而且他们与黄金之间的情感联系较弱。但是，事实证明，具有文化底蕴且设计相对繁复的古法金是吸引年轻消费者的有效手段。

春节前的黄金饰品销售旺季也在意料之中。在中国的传统观念中，黄金可以带来好运，再加上许多公司选择在农历新年之前发放年终奖金，这些因素令春节前的金饰消费得到提振。

（三）中东和土耳其

中东地区第四季度金饰需求同比下降3%，其2019年全年需求下滑2%。伊朗第四季度的黄金需求同比下降了10%。尽管如此，其年需求量还是增长了4%，达到30.5吨。但就目前伊朗的状况来看，2020年该国金饰需求可能维持低迷状态。

中东地区其他国家的金饰需求因金价上涨而普遍疲软，同时，这些市场仍面临着经济放缓和地缘政治风险上升的挑战。埃及是个例外：受经济指标改善和本国货币持续稳定的提振，2019年埃及金饰需求达到26.4吨（增长7%）。然而，该国金饰需求的乐观预期仍然比较脆弱，尤其是在金价保持高位、地区冲突持续之际。

土耳其的金饰需求在第四季度表现出了惊人的韧性，仅小幅降至9.1吨（同比下降1%）。土耳其里拉价格在第四季度最后几个星期攀升至历史新高，这表明其需求可能在2020年第一季度逐渐降低。

---

① “国潮”：国内本土潮流。

图5.3　2019年金价大幅上行，部分以其他货币计价的黄金价格升至纪录高位

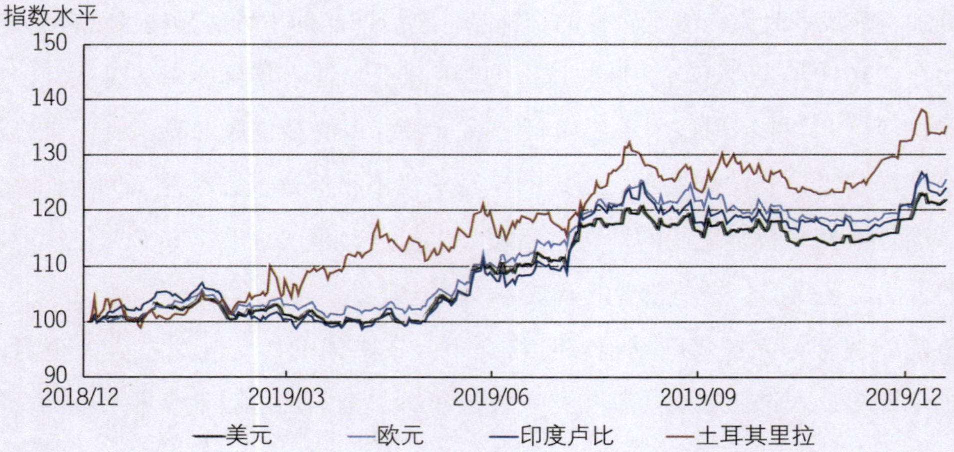

注：指数水平：2018年12月31日为100。
资料来源：洲际交易所，DataStream，世界黄金协会。

（四）西方国家

2019年，美国金饰需求连续第三年出现增长，增幅为2%，达到了131.1吨的十年高位。在相对强劲的经济环境下，消费者信心有所增强。

而欧洲金饰需求则比较疲弱：整个地区出现了小幅下滑。2019年欧洲全年的金饰需求同比下降2%至72.1吨的低点。整个地区的政治不确定性、黯淡的经济背景和全球地缘政治不确定性对该地区的金饰需求造成了影响。

（五）亚洲其他地区

第四季度，较高的黄金价格影响了整个东亚地区，导致全年的金饰需求普遍出现下滑。印度尼西亚和泰国的消费者还必须应对国内经济增长放缓的问题。与此同时，在越南，由于房地产和股票投资表现不佳，流动性问题对消费者产生了严重的影响。

而日本的金饰需求与东亚趋势背道而驰，第四季度同比增长4%至5.2吨。2019年日本金饰需求上升3%，达7吨的六年高位。反馈显示，增长主要集中在Kihei金链的需求上。Kihei

金链是一种准投资类的金饰产品，包括普通金链和重型金链。

三、黄金投资需求

ETF资金的流入推动了年度黄金投资需求的增长，而金条和金币的需求则相对疲弱。

★ 金价上涨对投资需求的影响喜忧参半：金条和金币投资者获利了结，趋势投资者的买入则推动了黄金ETF的流入。

★ 低利率和地缘政治的不确定性推动黄金ETF的持有量在第四季度创下2,901.8吨的历史新高。

★ 金条和金币的需求降至十年来的最低点，这在很大程度上要归因于中国和印度需求的大幅下滑。

（一）黄金ETF

在年度净流入达到401.1吨的驱动下，黄金ETF和类似产品的持仓量在2019年收于2,885.5吨。以美元价值计算，截至2019年12月底，全球黄金ETF净流入192亿美元，加上金价上涨18%，其总资产管理规模（AUM）达到了1,411亿美元。

货币政策和地缘政治是推动全年资金流入的主要因素，而价格上涨也吸引了趋势投资者。北美的黄金ETF持仓在2019年增加了206吨（约合101亿美元），是所有区域中净增幅最高的。欧洲地区基金的持仓则上升了188吨（约合88亿美元）。其中有一半流入了英国的基金，令该地区基金持仓上升91吨（约合41亿美元）。亚洲地区的基金规模在2019年基本持平，持仓量小幅下滑0.1吨。其他地区的基金持仓增加了7.6吨，主要增长点是澳大利亚地区的基金，因为以当地货币计价的黄金价格飞涨。

全球黄金ETF总体持仓在2019年第三季度大幅上升256吨后，在第四季度增幅放缓。10月中旬，总持仓量达到了创纪录的2,905.9吨，尽管这一水平没有持续下去，但在2019年剩余时间里持仓量仍保持在纪录高位附近。

自2015年底跌破1,600吨以来，全球黄金ETF的持仓量几乎翻了一番，到2019年底时增长了81%，接近2,900吨。持仓量的地理分布也在这段时间发生了变化。四年前，在美国上市的基金占全球总规模的近三分之二（922.8吨），而在欧洲上市的基金所占比重仅略高于三分之一（583.6吨）。欧洲的黄金ETF持仓增加了一倍多后，欧洲与美国在全球黄金ETF中几乎平分秋色，到2019年底，欧洲黄金ETF的持仓量达到1,322.1吨。

图5.4　2019年第四季度全球黄金ETF持仓量创纪录新高

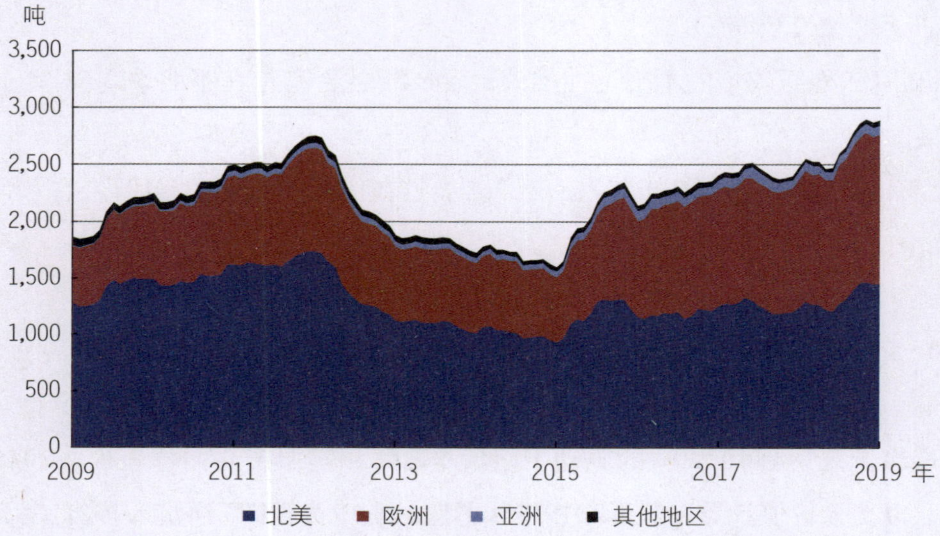

资料来源：彭博，公司报告，洲际交易所，世界黄金协会。

中国的黄金ETF持仓量在2019年第四季度下降4.6吨，原因是第三季度的金价涨势有所放缓。到2019年底，中国黄金ETF的总持仓为44.7吨，与2018年底相比几无变化。

2019年9月，中国黄金ETF的资产管理规模创下历史新高。受市场不确定性以及第三季度强劲的金价涨势影响，中国的黄金ETF总资产管理规模达170亿元人民币（约合22亿美元），创下历史新高。

中国的黄金ETF市场正在不断扩充。中国证券监督管理委员会（CSRC）于2019年10月下旬批准了3只新的黄金ETF，使中国的黄金ETF总量增至7只。这些新的ETF也完全由实物黄金支持，将由工银瑞信基金管理有限公司、华夏基金管理有限公司和前海开源基金管理有限公司发行 。

（二）金条和金币

全年的黄金零售投资跌至十年低点。金条和金币的年度需求同比下降20%至870.6吨，为2009年以来的最低水平。下降的主要原因是两个最大市场——中国和印度的金条金币销量出现了急剧下跌。但需求的下降并不仅限于中国和印度，亚洲大部分地区、中东和西方的黄金零售投资都出现明显疲软的现象。

图5.5　2019年全球金条与金币总需求降至十年最低

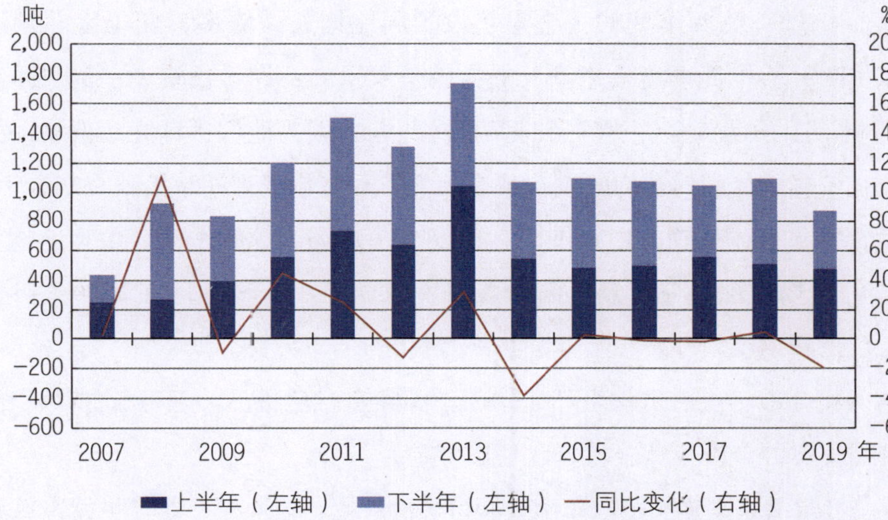

资料来源：Metals Focus，Refinitiv GFMS，世界黄金协会。

第四季度中国的金条和金币需求再次大幅下降，令全年降幅扩大。黄金价格上涨是制约全年金条和金币需求的主要因素：由于金价居高不下，一些投资者获利了结，而另一些投资者则推迟了投资决策，以寻求更好的入场点。

印度第四季度零售投资连续两个季度出现下降，使其全年需求降至至146吨，降幅达10%。2019年金条和金币的整体需求被股市的优异表现蒙上了阴影。BSE Sensex指数全年屡创新高，吸引了城市投资者的关注。

印度仍在继续努力监管和规范黄金行业。印度标准局最近宣布了包括黄金在内的一系列物品的交割标准。引入合格交割标准将有助于为印度的金银银行和黄金现货交易铺平道路。

亚洲地区的投资需求几乎无一例外地出现了下降：日本和泰国投资需求下降是造成该地区需求疲软的重要原因。日本在2019年每个季度的净投资均为负值，导致该国全年19.7吨的净减持，这无疑是日本自2011年以来黄金零售投资最糟糕的一年。10月上调消费税之际，正值当地黄金价格接近历史高点，从而抑制了新的投资。

泰国的投资需求从第三季度的负增长开始有所回升，但第四季度的投资（11吨）仍然相当疲弱。在2019年的大部分时间里，泰铢的相对强势意味着投资者不再那么关注作为“安全避风港”的黄金。

土耳其是个例外：第四季度的黄金零售投资同比增长一倍多，使年度总量达到53吨（年环比增长40%）。第四季度需求增长的原因是双重的：许多投资者在第三季度价格上涨时卖出，而在第四季度黄金价格回落时又再次买入，因为他们预计此后价格还会恢复上涨势头。一些投资者选择赎回他们的主权黄金债券，并在债券到期时接收交割金币。

在黄金投资需求整体疲软的中东地区，伊朗尤为疲弱。第四季度，由当地货币波动引起的本地金价的大幅上涨抑制了新的黄金投资需求，但由于该地区在2020年伊始争端不断，避险买盘已重新出现。

美国的金条和金币年度需求跌至20吨，创下国际金融危机后的新低。 持续上涨的美国股市和受到良好支撑的金价令黄金投资者举棋不定。

欧洲的黄金投资需求则连续第二年出现两位数的跌幅：该地区全年零售投资总额为153.3吨（下降11%）。在2019年9月创下历史新高后，欧元黄金价格稳定在高位。

四、央行购买

- ★ 2019年全球各国央行的黄金需求总量为650吨，这是连续第十年出现年度净买入。
- ★ 各国央行在2019年共增持了650.3吨全球官方黄金储备，同比下降1%。
- ★ 共有15家央行净买入1吨或更多黄金，凸显出购金国家范围的持续扩大。
- ★ 全球官方黄金储备2019年比2009年底高出5,000吨，约为34,700吨。

全球各国央行在2019年的净购金量令人瞩目。年度黄金购买量达650.3吨，为五十年来第二高（最高为2018年），凸显出各国央行在其储备组合中对配置黄金的重视程度。

图5.6　新兴市场继续主导着全球各国央行的黄金购买

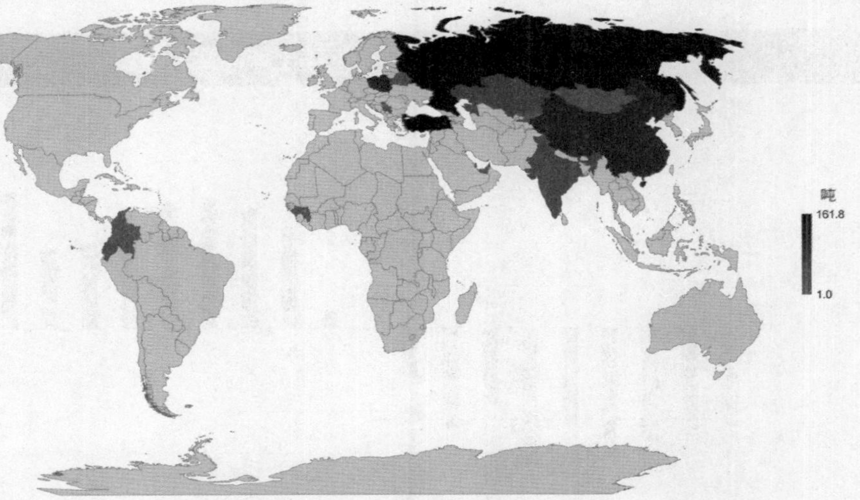

资料来源：国际货币基金组织（IMF）《国际金融统计》、各国央行、世界黄金协会。

大批黄金买家涌现。2019年，共有15个国家的央行增加了至少1吨的黄金储备，凸显出黄金购买国家的范围在扩大。这些需求仅限于新兴市场国家央行，它们希望增加其总体外汇储备规模和/或其多样性。

2019年最大的买家大多是熟悉的“老买家”。土耳其从2017年开始购买黄金，2019年成为最大的买家，黄金储备增加了159吨。这使其总持有量达到413吨，较上年同比增长63%，相当于其总外汇储备的20%。波兰在2018年购买了25.7吨黄金，并在2019年6月一次性购买了94.9吨黄金，是最大的单笔购买。波兰年度净购金量共计100吨，使黄金储备量达到了228.6吨。俄罗斯黄金储备增加了158.1吨，尽管增幅较上年同期下降了42%，但增长良好，这在一定程度上是因为俄罗斯央行从5月开始提供折扣购买价格，以鼓励国内生产商出口更多黄金。2019年前九个月，中国的黄金储备增加了95.8吨，使其黄金总储备达到了1,948吨（占总外汇储备的3%）。哈萨克斯坦（35吨）、印度（32.7吨）、阿联酋（13.5吨）、卡塔尔（11吨）、厄瓜多尔（10.6吨）和塞尔维亚（10吨）的央行也增加了10吨以上的官方黄金储备。

从2010年开始，各国央行连续十年成为净购金者。在此期间，各国央行为全球官方黄金储备补充了5,019吨黄金，平均每年买入约500吨，而在这之前的十年，平均年净销售黄金443吨。

图5.7　全球各国央行连续十年净买入黄金

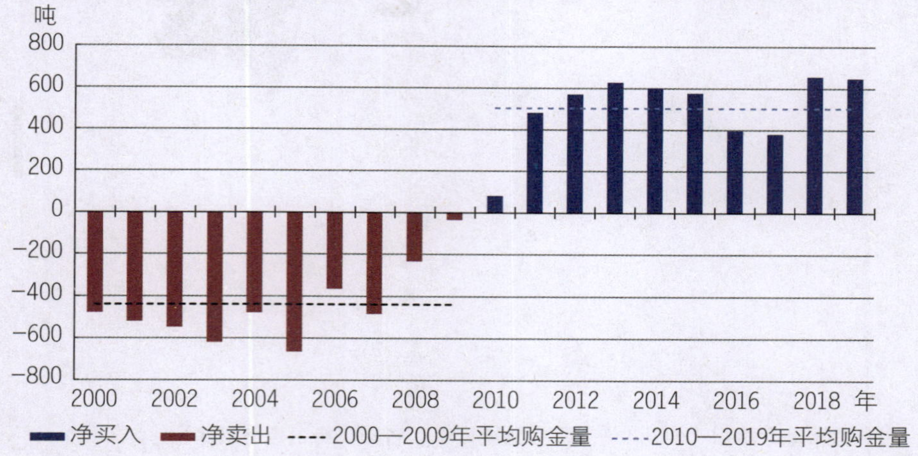

资料来源：Metals Focus，Refinitiv GFMS，世界黄金协会。

在这段时间里，不断加剧的经济和地缘政治不确定性一直是推动各国央行（特别是新兴市场）购买黄金的两大驱动力。作为回应，各国央行增加了黄金配置。

在过去十年中，全球各国央行的黄金需求量增加了5,019吨，足以抵消2000—2009年4,426吨的净售金量，这意味着，目前公布的全球官方黄金储备仅比1966年38,491吨的历史最高水平低10%。

五、科技行业

2019年科技行业用金需求再次减弱，但前景更加乐观；应能预见2020年无线电子领域将出现强劲的需求增长。

★ 科技行业全年黄金需求同比下降2%至326.6吨。

★ 对于整个电子行业而言，2019年是疲软的一年，这导致该行业的黄金需求下降了2%。

★ 牙科行业的用金量继续下降，2019年同比下降9%至14吨。

★ 其他工业应用的黄金需求年同比小幅下降2%至50吨。

（一）电子行业

电子产品用金量在2019年下降了2%至262.6吨。半导体市场是传统的行业领头羊，在世界半导体贸易统计组织的秋季评估会上，其对2019年整体半导体市场黄金需求的预测较2018年下降了13%，所有主要行业都出现了下跌。不过，复苏仍在进行中，世界半导体贸易统计组织预测，2020年半导体行业将恢复5.9%的增长。相关数据也支持这一预测，最后一个季度的需求同比增长1%，达到68.2吨。

无线行业第三季度的强劲增长势头延续到了第四季度，黄金需求同比增长30%~40%。在未来一段时间内，该行业将对黄金需求产生积极影响：5G基础设施的需求刚刚开始增长，诸如垂直腔表面发射激光器（VCSEL）和功率放大器之类的新应用将进一步增加对该技术的需求。

作为传统的LED淡季，2019年第四季度该行业用金量同比下降6%~8%。在传统LED技术中，黄金的使用率较高，但是迷你型和微型LED新技术的出现威胁到传统技术的应用，使市场持续之前的低迷状态。

内存行业的黄金需求在第四季度恢复了增长，尽管同比增幅相对较低，仅为1%~3%。该行业的黄金需求面临着一些技术威胁，预计5G相关应用和数据存储的建设将在2020年推动存储领域黄金需求的增长。

最后，印刷电路板（PCB）行业用金量在2019年第四季度实现了7%~10%的健康增长。这是在5G基础设施部署加速、消费电子产品和人工智能需求复苏的共同推动下实现的。事实上，我们相信印刷电路板行业将在2020年全年持续增长。

在全球四个主要电子制造中心，只有日本的用金量同比下降了1.9%。第四季度中国、韩国和美国的黄金使用量分别小幅增长了2.8%、3.9%和1.1%。

（二）其他行业与牙医业

牙科的黄金需求继续下滑，第四季度同比下降10%至3.2吨。用于其他工业用途的黄金需求下降4%至12.4吨。相应地，年度黄金需求量下降2%至50.1吨。

六、供应

★ 2019年，总黄金供应量同比增长2%至4,776.1吨，这是年度总供应量连续第二次小幅增长。

★ 2019年金矿产量下降1%至3,464吨，为2008年以来产量的首次同比下降。

★ 由于金价从6月开始上涨，回收金的供应量同比增长11%。

（一）金矿产量

2019年最后一个季度的金矿产量同比下降2%至889.5吨。2019年金矿总产量为3,463.7吨，比2018年下降1%（见图5.8）。这是自2008年以来首次出现年度金矿产量下降。

图5.8　自2008年以来金矿产量首次出现下降

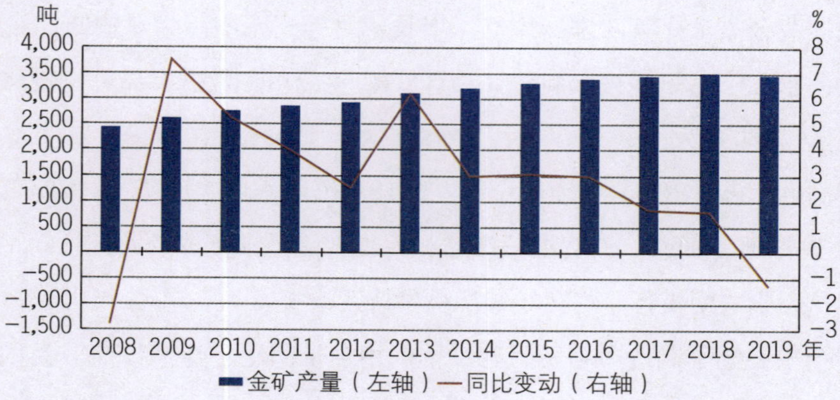

资料来源：Metals Focus，Refinitiv GFMS，世界黄金协会。

金矿产量的增长主要来自未知矿区的新建项目以及一些成熟项目的进展。俄罗斯金矿产量2019年同比增长8%。新建项目开始产出（如Natalka等），以及一些成熟项目产量增加，都促进了总体产量的上升。同样，在澳大利亚，由于几个金矿产量的增加，以及Mount Morgans和Cadia Valley等项目的扩张，金矿的总产量同比增长了3%。得益于监管环境和审批流程的改善，以及Copler项目的扩张，土耳其的金矿产量出现了大幅增长（同比增长66%）。西非再一次证明了自己是全球金矿产量增长的动力。该地区其他几个国家，如加纳、布基纳法索和科特迪瓦等的黄金产量都有所增加。

但一些主要黄金生产国金矿产量的下降却抵消了这一增长。作为全球最大的黄金生产国，中国2019年的金矿产量同比下降了6%，这是连续第三年出现下降。但随着该行业逐渐适应新的环保监管规定，产量的下降速度已经有所放缓。此外，金价上涨也加速了2019年的许多黄金开采计划。在南非，2019年上半年的劳工行动大大减少了黄金方面的业务运营。在南美洲，当地社区和承包商之间的纠纷，也导致黄金产量较2018年有所降低。

印度尼西亚对2019年全球金矿生产产生了最大的影响。Grasberg高品位矿石的枯竭，以及随后从露天开采到地下采矿的过渡是困扰全年的问题。但到2020年，这对全球产量的负面影响将有所减少。该项目一直在扩建其在Grasberg Block Cave的矿场，预计2020年后产量将有所增加。

（二）生产商净套保

2019年的净套保量约8.3吨。其他三个季度解除的套保量未能抵消第二季度49吨的新增套保量，当时矿商利用金价上涨保护其项目融资，确保项目现金流。

2019年，以美元计算的黄金年平均价格上涨了10%，是2011年以来的最大涨幅。尽管2019年出现了一些新的套保操作（或对现有头寸进行重组），但矿商们似乎普遍倾向于持谨慎观望态度，他们更愿意先看看金价是否会进一步上涨，然后再对未来生产作出承诺。

（三）回收金

2019年第四季度，回收金的供应量同比增长了16%，总量达335吨。这使2019年回收金的年供应量达1,304.1吨，为2013年以来的最高水平（见图5.9）。

图5.9 作为对2019年金价上涨的回应，回收金供应量有所增加

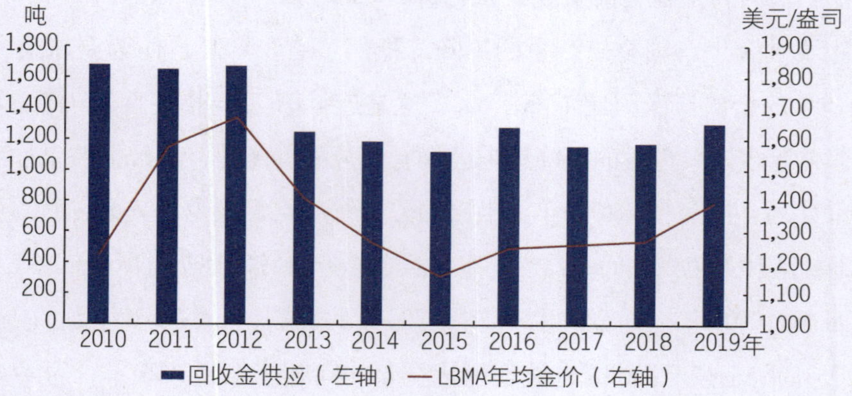

资料来源：Metals Focus，Refinitiv GFMS，洲际交易所，世界黄金协会。

尽管需求下降，但由于价格上涨，回收金的供应量猛增。价格是推动回收金供应增加的主要因素：众所周知，黄金价格的变化与回收水平变化之间存在负相关关系。2019年，美元黄金年平均价格上涨10%，这自然会引起消费者的关注。

在南亚、东亚以及中东地区，回收金供应出现了大幅增长。印度回收金的增幅是整个亚洲地区最大的，其国内金价突破了此前的纪录高点，并一直保持在较高水平。在中东，尤其是在2019年下半年，土耳其和伊朗的回收金数量均出现了明显的同比增长。在伊朗，里亚尔对美元的汇率暴跌，消费者争先恐后地抓住当地金价上涨的机会获利。

| Chapter *1* |

Shanghai Gold Exchange Market

[Written by Shanghai Gold Exchange]

In 2019, with the guidance and support of the People's Bank of China (PBC), Shanghai Gold Exchange (SGE) continued to advance its market-oriented and international development strategy. Well-functioning market operations and thriving lines of business made SGE continued to grow and reached a new record on total turnover.

We continued to support the real economy through extended trading hours, lower trading costs, and better services. Pursuing our market-oriented and international development strategy, we introduced a range of innovative products and strengthened international cooperation, making "Shanghai Gold", "Shanghai Silver", and "SH-NY Gold" (NYAuTN) more influential than ever. At the same time, we were committed to preventing and mitigating financial risks, by strengthening our clearing, delivery, IT, and other infrastructures, as well as improving our membership and risk management frameworks, to ensure market and operational stability.

Now into its 18th year, SGE has made remarkable progress on all fronts. Its past and future goals include: First, to build a world-class gold market infrastructure. Second, to operate two major markets – the Main Board and the International Board. Third, to assign equal priority between the real economy and the financial market, between the domestic and international markets, and between retail and institutional customers. Fourth, to help connect upstream companies with downstream companies in the gold industry, physical gold with capital, exchange-based gold market with OTC market, and domestic gold market with international gold market. Fifth, to build itself into a center for bullion trading, pricing, clearing, settlement, storage, custody, logistics, and consulting services. And Sixth, to build a multi-layered market system covering price matching, price asking, gold leasing, benchmark price trading, gold coin trading, and gold ETF.

I. SGE Gold Market

(I) Overview

1. Trading summary

In 2019, total turnover reached ¥28.76 trillion, a 33.18% increase from 2018 (see Figure 1.1). In particular, gold trading grew 0.12% year-on-year by volume to 68,600 metric tons and 15.69% by turnover to ¥21.49 trillion. Silver trading surged to 1.78 million metric tons (+113.41%) and ¥7.25 trillion (+141.37%). Platinum trading registered 42.77 metric tons (+2.85%) and ¥8.611 billion (+3.07%). SGE's international board market ("International Board" or "IB") saw a trading volume of 259,100 metric tons (+814.35%) and a turnover of ¥3.67 trillion (+99.11%) in 2019, contributed by 8,200 metric tons of gold trading (+25.19%) valued at ¥2.62 trillion (+48.22%) and 250,900 metric tons of silver trading (+1,051.58%) valued at ¥1.05 trillion (+1,255.19%).

In 2019, in the gold price matching market, total volume grew 32.75% compared with the year before, to 27,100 metric tons. Out of this total, physical contracts accounted for 5,214.17 metric tons (–22.63%), showing a decline in physical demands; while deferred contracts accounted for 21,900 metric tons (+60.09%), indicating a higher growth in investment demands.

In the gold price asking market, total volume was 40,300 metric tons; turnover increased 0.09% to ¥12.64 trillion.

In the benchmark price trading market, 488 sessions, 1,489 rounds of trading were held, averaging 3.05 rounds per session. Total volume was 1,168.96 metric tons, equaling 4.79 metric tons per day on average and a decrease of 20.73% from 2018. Total turnover was ¥362.412 billion, averaging ¥1.485 billion per day and down by 9.35% year-on-year.

Figure1.1 Trading Volume and Turnover on SGE in 2002—2019

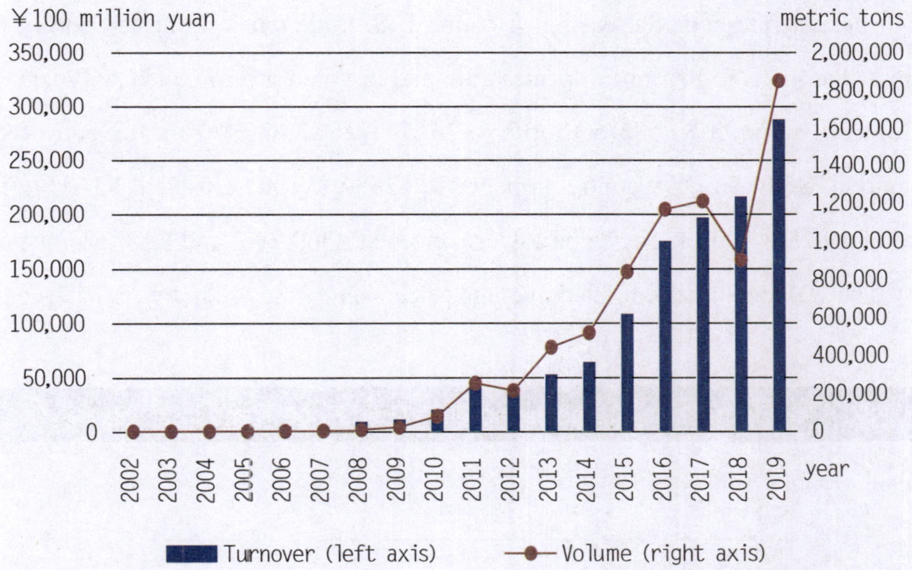

Source: Shanghai Gold Exchange.

2. Funds settlement

SGE cleared ¥3,743 billion of trades in 2019, equaling a daily average of ¥15.3 billion and an increase of 10.24% from 2018. Among this total, ¥2,763 billion, up by 19.61% year-on-year, were attributed to members' proprietary trades; and ¥980 billion, down by 8.52%, were for brokerage trades.

3. Physical delivery

Delivery volume at SGE had a decline in 2019; withdraw volume totaled 2,975.73 metric tons.

With the convenience offered by 67 certified vaults in 36 cities throughout China, SGE helped gold industry enterprises meet their vaulting needs from finance, production, processing, wholesaling, and import and export activities.

(II) Market Features

1. Gold price hit a nine-year high with a 20% gain

At the start of 2019, international gold price fluctuated around $1,300/ozt. From May to

August, due to the continuous escalation of risk events and the change of the monetary policy of the U.S. Federal Reserve(Fed), the gold price rallied strongly. From September, due to the Fed's consecutive interest rate cuts, the easing of China-U.S. trade tension, the temporary respite from a hard Brexit, the price fell from the peak value and hovered at around $1,450/ozt. At year-end, London Gold Fix stood at $1,523/ozt, up by $241.35/ozt(18.83%) from the end of 2018. In the domestic market, SGE Au99.99 contract opened at ¥283.98/g and closed at ¥340.8/g for the year, an increase of 19.75%, with highest and lowest prices at ¥369.24/g and ¥277.5/g respectively (see Figure 1.2). The 2019 volume-weighted average price was ¥308.7/g, up by 13.74% year-on-year.

Figure 1.2 Domestic and Int'l Gold Price Trend in 2019

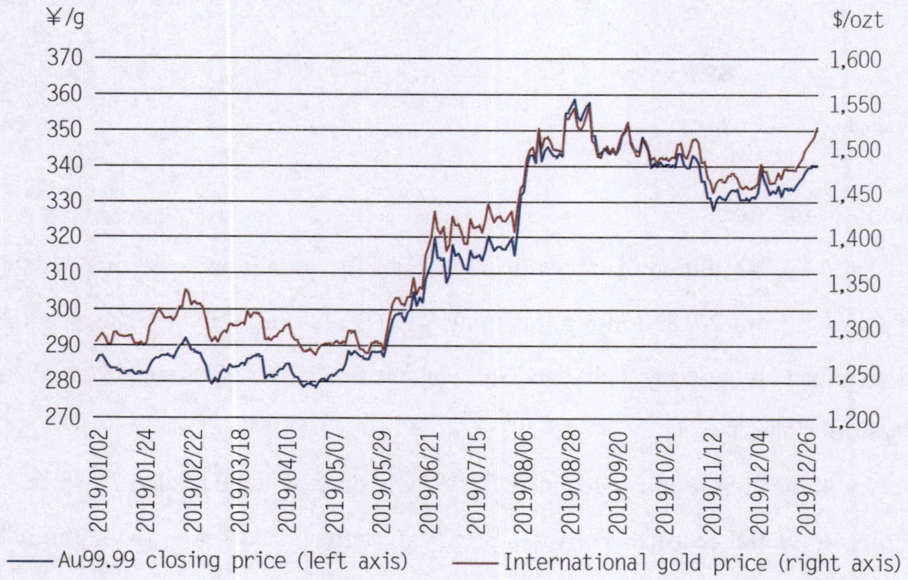

Source: Shanghai Gold Exchange.

2. Notable widening of domestic-international spread

Throughout 2019, due to the decline in China's gold import, physical supply was generally tight, causing the domestic-international gold spread to widen. The annual average spread for gold was ¥2.46/g, an increase of ¥0.99/g (67.35%) from 2018; that for silver was ¥280.29/kg, an increase of ¥15.01/kg (5.66%); and that for platinum was ¥8.48/g, a decrease of ¥5.96/g (41.27%) (See Figure 1.3).

Figure 1.3 Domestic-International Spread in Gold and Silver Prices in 2019

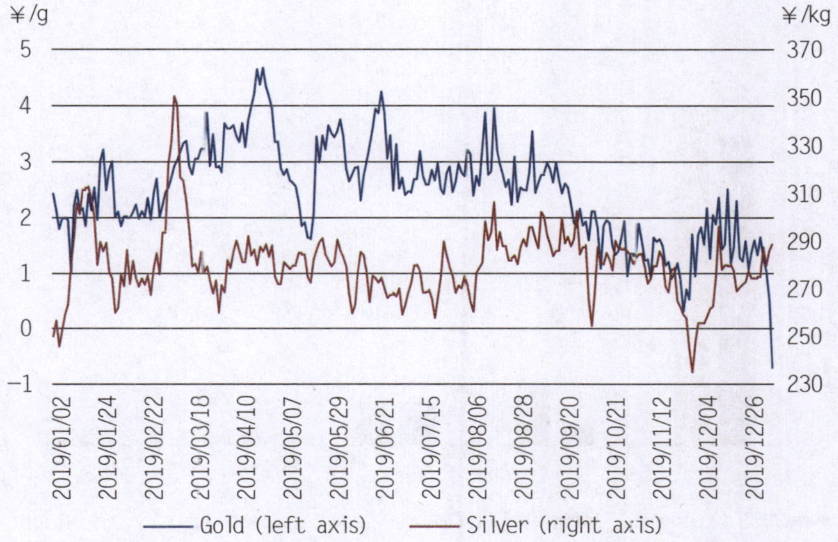

Source: Shanghai Gold Exchange.

3. Chinese gold market led the rally of the global gold market

COMEX of the CME Group saw increased trading volume of its gold and silver futures, both of which also continued to rank first globally. In particular, the volume① for gold futures was 542,700 metric tons, up by 8.34% year-on-year (see Figure 1.4); the volume for silver futures stood at 7,541,000 metric tons, an increase of 0.96% from 2018 (see Figure 1.5).

Gold and silver futures volume at TOCOM grew steadily while that at MCX recovered. Specifically, TOCOM recorded 17,300 metric tons (+2.38%) of gold futures trade, ranking fourth among global exchanges, and 444.28 metric tons (+11.53%) of silver futures trade. MCX registered 8,332.98 metric tons (+64.81%) of gold futures trade, coming in fifth globally, and 445,600 metric tons (+34.72%) of silver futures trade.

① Data taken from exchanges' official sites and calculated with buy and sell side aggregated.

Figure 1.4 Ranking of Major International Exchanges by Gold Trading Volume

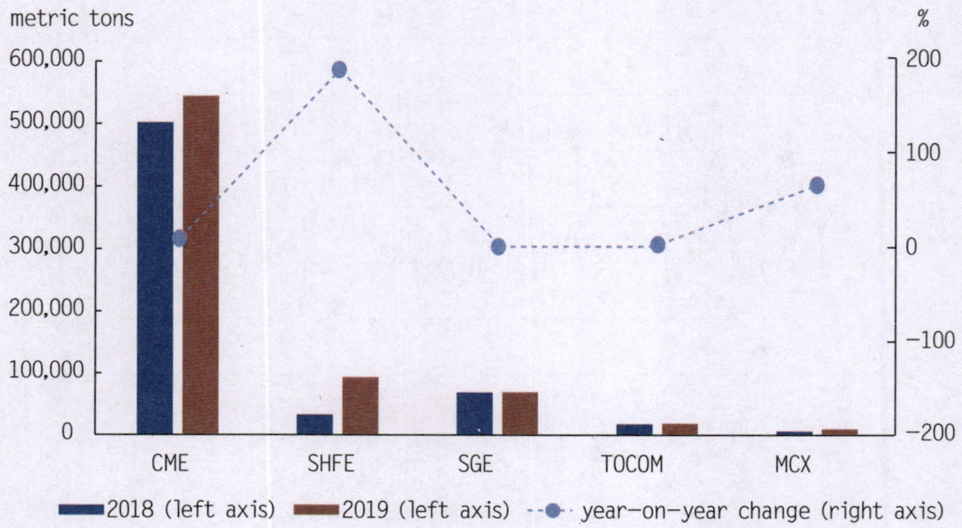

Note: Date calculated with buy and sell side aggregated.
Source: Shanghai Gold Exchange.

Figure 1.5 Ranking of Major International Exchanges by Silver Trading Volume

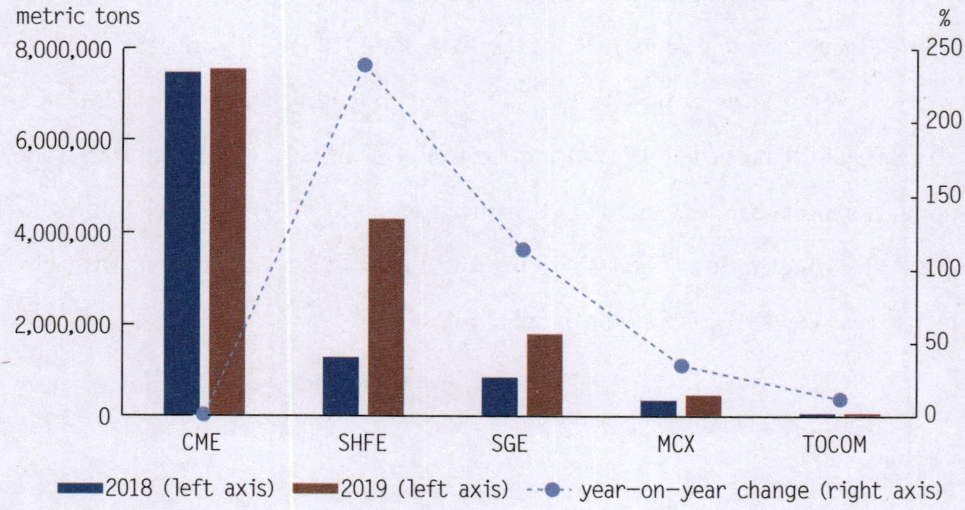

Note:Date calculated with buy and sell side aggregated.
Source: Shanghai Gold Exchange.

4. Significant increase in proprietary and especially brokerage trading

In gold price matching market, proprietary trades grew 23.61% to 14,000 metric tons, brokerage trades for institutional customers increased 17.98% to 6,176.93 metric tons, and brokerage trades for individual customers increased 80.18% to 6,871.65 metric tons. In silver price matching market, proprietary trades rose 403.62% to 427,200 metric tons, brokerage trades for institutional customers grew 74.03% to 433,100 metric tons, and brokerage trades for individual customers rose 93.39% to 870,800 metric tons. Thus, member companies as well as their institutional and individual customers all contributed to the increased price matching volume. Of note, proprietary gold trades by members accounted for 51.79% of the total and proprietary silver trades also soared, showing that SGE members remained a dominant player in the gold market and increased their activities in the silver market.

5. Newly listed “SH-NY Gold” (NYAuTN) contract as a major draw for investors

To implement the strategic plan of CPC PBC Committee on financial opening-up and on building Shanghai into an international financial center, SGE actively worked with CME on cross-market cooperation, culminating the official listing of the NYAuTN contract on October 14, 2019. This product provides domestic investors a new way of accessing the international gold market, promotes the internationalization of the Chinese gold market, and contributes to Shanghai’s aspiration as an international financial center. For the remainder of the year, the contract recorded a trading volume of 38.02 metric tons and a turnover of ¥12.848 billion, averaging 667.07 kg and ¥225 million per day.

6. Launch of “Shanghai Silver”

On October 14, SGE officially launched “Shanghai Silver”, a benchmark trading product, to help create a reference price for Chinese silver market, support businesses in the precious metals industry, and expand the influence of the Chinese silver market. From its trial introduction on September 16, the “Shanghai Silver” market held 287 rounds of trading in 144 sessions, averaging 1.99 rounds per session. Total volume was 2,504.52 metric tons, or 34.79 metric tons per day; total turnover was ¥10.519 billion, or ¥146 million per day. Participants included 15 members and 17 institutional customers.

II. Pursuing Market-Oriented and International Development to Support Real Economy

In 2019, under the leadership of CPC PBC Committee and in accordance with the strategic plans of the CPC Central Committee and CPC PBC Committee, SGE continued to further public interest, safeguard national interests, support PBC programs, and promote the sound development of China's gold market. Remaining true to original aspirations and keeping missions firmly in mind, SGE took bold and concrete steps to make significant progress in all programs.

(I) Tracking Market Trends and Strengthening the Domestic Gold Market

First, SGE extended the trading hours and improved market efficiency in 2019. To strengthen the linkage between Chinese and global gold markets, SGE eliminated the noon trading recess to extend the trading hours to 13 hours. Second, transaction costs were lowered to support the real economy, as the SGE reduced the transaction fees for deferred contracts, and maintained existing fee reductions or exemptions for price matching, price asking, and benchmark price contracts. Altogether, these policies saved nearly ¥100 million for market participants. Third, SGE optimized trading mechanisms and diversified the investor structure. In particular, SGE improved the management regime for market makers, introduced online trades brokering, enhanced the business rules for special corporate accounts, strengthened the routine supervision of program trading, and actively addressed the needs of asset-management subsidiaries and other new types of investors. Fourth, SGE expanded the scope of service offerings. Specifically, it has been publishing the implied volatility curve for price asking gold options and the silver price forward curve, and facilitated the registration and custody of gold-based asset management products.

(II) Driving Product and Business Innovations

First, SGE continued to develop innovative exchange-traded products, including introducing the latest benchmark trading product, "Shanghai Silver"; optimizing the withdrawal, shipment, and delivery of Panda Gold coins through the iSGE APP, expanding the application of "Shanghai Gold", and promoting the development of "Shanghai Gold"-based ETF products. Second, the OTC market was not neglected either, as SGE launched silver price asking options, continued to develop performance-guarantee products, and assisted financial institutions in designing spot gold and derivative products based on the "Shanghai Gold" benchmark price. Third, SGE proactively participated in the development of international standards, including that for the international kilo gold bars, and put forward Chinese proposals for international gold quality standards.

(III) Enhancing Business Development and Empowering Postdoctoral Center

After extensive research, SGE drafted *Three-Year Business Development Plan of the Shanghai Gold Exchange (2019-2021)* and the complementary implementation plan for critical tasks. SGE ramped up external surveys and actively organized thematic studies; duly completed the research projects assigned by the PBC and other government authorities; continued to develop innovative products; discovered methods to promote innovations in regional gold markets; and closely monitored market trends, held quarterly market analysis meetings, and drafted monthly analysis reports.

SGE steadily improved the management of the in-house postdoctoral research center. It overhauled the *Measures for the Administration of Postdoctoral Research Center* according to the requirements of the National Postdoctoral Management Office (NPDMO). In 2019, five postdoctoral research fellows were enrolled in two batches, and three had completed their program; six postdoctoral R&D reviews and five internal symposiums were held. SGE also developed the *Tentative Measures for Patent-Related Programs of Postdoctoral Research Center*, began preparing patent applications for the works of postdoctoral fellows, and applied to the NPDMO for research projects. Two postdoctoral researchers were funded by the National Research Fund for Postdoctoral Programs.

III. All SGE Markets Grew Steadily

(I) New and Innovative Products for the Price Asking Market Had Significantly Boosted Market Activities

1. Modest increase in price asking trading volume

In 2019, the gold price asking market recorded 40,300 metric tons in trading volume. Turnover totaled ¥12.64 trillion, up by 0.09% over previous year. In terms of composition, China Foreign Exchange Trade System, SGE's Main Board, and its International Board accounted for 24,900 metric tons(62%), 9,800 metric tons (24%) and 5,600 metric tons (14%) respectively.

2. Innovative product structure

The launch of silver options in July has added another major product category to the price asking market. In 2019, silver price asking trading garnered 46,400 metric tons in trading volume and ¥177.568 billion in turnover, helping draw physical silver supply and demand to the exchange market. SGE completed IT development for performance-guarantee product, and the new functionalities are scheduled for roll-out around the New Year's Day of 2020. SGE also completed other preparations for this product, including drafting and solicitation of comments on the complementary business rules, as well as product promotion.

3. Publishing benchmark prices

SGE formally launched the online quoting function for the implied volatility curve for gold price asking options on the New Year's Day of 2019, and had publicly released the implied volatility curve for gold price asking options and the silver price forward curve since June 6, 2019. In virtue of prior works on the implied volatility curve for price asking options, SGE strengthened the connection between "Shanghai Gold" and options-based asset management products and derivatives. These benchmark prices are helping strengthen the role and brand recognition of "Shanghai Gold".

4. Greater linkage between domestic and international gold markets

Based on its trading hour extension plan for the price asking market, SGE extended trading hours for the interbank market to the segment of 15:00-17:00, effective from January 21, 2019, and that for the SGE-based price asking market to the segment of 11:30-13:30, effective from June 10, 2019. Both markets saw orderly trading following these changes.

5. Accelerated accumulation of market elements

SGE ramped up its support to small- and medium-sized financial institutions as well as international organizations. The interbank market further expanded with a 12% increase in participants, strengthening the linkage between the interbank market, banks and enterprises, and the International Board price asking market. The number of brokerage firms also increased, including China Credit BGC Money Broking Co., Ltd., Ping An Tradition International Money Broking Co., Ltd., and CITIC Central Tanshi Money Brokering Co., Ltd. , as they are poised to play a greater market role at SGE. Market infrastructures were also improved with the official release of the *SGE Gold Leasing Master Agreement (2019 Edition)* and the *Trading Rules for the Interbank Gold Price Asking Market of Shanghai Gold Exchange (2019 Updated Edition)*.

(II) Building a More Secure and Efficient IT Infrastructure

SGE continuously strengthened its IT infrastructure. In 2019, it completed and launched 12 modules including phase one of quote-driven trading system, completed IT development for 8 projects including margin-based price asking trading system, and finished system upgrades such as the integration of SM-based encryption functions into existing systems. In addition, SGE strengthened security management, such as by deploying specialized monitoring tools for databases and more rigorous rules for system monitoring by on-shift staff, so as to enhance cybersecurity capabilities.

(III) Preventing and Controlling Risks

First, SGE further enhanced the risk management system, by making iterative improvement to the risk control system, strengthening the analysis and verification of abnormal volatility, fine-tuning trading parameters timely, and enhancing market surveillance. Second, SGE participated in building the risk oversight framework. Specifically, it duly implemented the plans of the PBC Head Office by taking part in the design of risk monitoring framework, prioritizing the creation of a trading report repository for the gold market, and assisting in the coordinated management of financial market risks. Third, SGE continued to strengthen membership management. It revised *SGE Measures for the Administration of Membership* and other related rules, completed a preliminary score-based classification of members, adopted audio-visual recording for brokerage business for individuals, and optimized the structure of market participants. Fourth, SGE strengthened the management of Value Added Tax(VAT) invoices, and assisted authorities in resolving tax-related cases in OTC market.

IV. Improving Financial Infrastructure and Market Services

(I) Enhancing Clearing and Settlement

First, SGE was fully committed to the assessment program for qualifying central counterparty and successfully passed PBC Head Office's external evaluation. Second, SGE was granted access to the High-Value Payment System (HVPS) which would further enhance funds settlement. Third, SGE continued to develop innovative tools to prevent and mitigate settlement risks.Fourth, in regard to clearing, SGE improved the related rules as well as the core functions of the clearing system. Fifth, SGE conducted evaluations on margin custodian banks to regulate margin custody business. Sixth, SGE ensured that the minimum settlement reserve was strictly enforced to strengthen risk prevention capacity.

(II) Ensuring Smooth Storage and Delivery Services

SGE set up ICBC Shenzhen vault designated for the International Board, streamlined the gold re-export process, and newly allowed traders to request for the delivery of alternative silver deliverable bullion. SGE formulated and released the reference interest rate for exchange-based interbank gold leasing to provide a benchmark for leasing transactions and related derivatives, and actively cooperated with PBC Head Office in developing the measures for managing gold leases to facilitate compliance by market participants.

(III) Boosting Market Cooperation and Quality of Service

For market service, SGE has been performing the functions of a financial infrastructure by supporting the real economy. SGE is working with governments of Chongqing, Xiamen, Xinjiang, and gold-producing provinces involved in the Belt and Road Initiative to enhance and transform their local economy. To promote dialogue and integration between domestic and foreign gold markets, SGE held the 4th Global Gold Market Summit in Xi'an and co-organized the LBMA/LPPM Precious Metals Conference 2019 with LBMA. SGE boosted market cooperation by signing strategic cooperation agreements with China National Clearing Center, ICBC, Bank of China, Bank of Shanghai, and Fanhai International School of Finance of Fudan University. Taking member services to the next level, SGE and Shanghai Advanced Institute of Finance jointly held the first Gold Industry Executive Workshop to train skilled leaders for the high-quality and sustainable development of the gold market.

For brand promotion, SGE has further improved media relations: In 2019, SGE published 177 news articles through 42 releases, and 17,013 SGE-related news were published by major domestic and foreign media. This year also saw the first public release of *China Gold Market Report*. These publications helped enhance SGE's influence in the gold market.

For investor education, SGE offered related informational materials and interactive opportunities, some in association with regulators and member companies, through its website,

WeChat account, the Gold Lecture Series, "Enter the Shanghai Gold Exchange" event, and iSGE app, including organizing over 40 educational events nationwide.To promote risk disclosure and rational investment, SGE launched the "Gold Market Risk Disclosure Season" event, which attracted over 450,000 participants. In 2019, the National Gold Professional Examination was administered in all provincial-level regions for the first time and has attracted 99,000 test registrants in the four years since its inception. The first edition of *Gold Market Fundamentals and Practices*, the preparation book for the exam, was published by China Financial Publishing House, and has sold 15,000 copies to date.

For the internet business expansion, in 2019, iSGE app handled over ¥1.3 trillion of trades by 150,000 investors, featured over 600 news articles, and newly supported the withdrawal and delivery of Panda Gold coins. In collaboration with ICBC, Ping An Bank, and BoCom, SGE organized a mock trading contest to encourage prudent investment behaviors. At the instruction of the PBC, SGE launched the Registration and Custody System for Gold Asset Management Products and has been submitting relevant data to the central bank. In 2019, SGE also approved the trading report repository project for China's gold market, after finishing preliminary studies.

(IV) Bolstering AML Efforts

Following PBC's guidance and a risk-driven approach, SGE duly performed Anti Mouey Laundering (AML) obligations, continuously strengthened money-laundering prevention, and carried out ongoing AML programs in precious metal industry. First, in March 2019, SGE released the *Self-Discipline Guidelines for Members of Shanghai Gold Exchange on Anti-Money Laundering, Counter-Terrorist Financing and Anti-Tax Evasion* and held on-site trainings in Beijing, Shanghai and Shenzhen for over 150 member companies to guide their AML efforts. Second, SGE improved internal mechanisms and processes, capacity to monitor money-laundering risks, and the routine monitoring of suspicious transactions. Third, in accordance with PBC's requirements, SGE began to organize members to submit AML data on a pilot basis. Fourth,

SGE conducted AML awareness events through channels including its official website, WeChat account, seminars, and member visits. In particular, SGE staff visited over 20 members in more than 10 provinces or cities to investigate their AML efforts, and vigorously publicized AML requirements. Fifth, SGE organized ongoing staff trainings to improve their AML competencies. Sixth, SGE ramped up research on the best ways to ensure AML compliance in the precious metals industry. With the orderly implementation of various AML programs, SGE would function as a self-regulatory platform and bring AML compliance in the precious metals industry to a new height.

V. Breakthroughs in International Business

(I) The International Board Market

1. Growing international membership and International Board market

In 2019, Shanghai Gold Exchange International(SGEI) welcomed six new international members. By year-end, it boasted 79 international members and 85 international customers, practically covering all major commercial banks, precious metals enterprises and investment firms worldwide. Along with increasing participants, trading activities of SGEI hit new records.

2. Smooth funds clearing and efficient cross-border funds transfer

The International Board provided smooth clearing services while the volume and risks of cross-regional fund transfers were kept at predictable and controllable levels. It cleared ¥189.333 billion of trades in 2019, equaling a daily average of ¥776 million and a year-on-year increase of 49.94%. International members transferred ¥160.239 billion, with inward and outward transfers at ¥59.179 billion and ¥101.06 billion, respectively. Cross-border outflow was ¥47.745 billion. By the end of 2019, the International Board had opened 8 Free Trade (FT) accounts and 1 overseas settlement account with 9 margin custodian banks including the Bank of China; international members had opened 182 Free Trade accounts, including 91 Free Trade Accounts for Enterprises (FTEs) and 91 Free Trade Accounts for Non-Residents (FTNs). There were additionally 28 overseas accounts.

3. Greater role of the International Board in gold import

In 2019, the International Board remained a readily accessible channel for gold import and oversaw a steadily increasing share of domestic gold import, proving that it has become one of the key domestic channels for bringing in international gold.

4. Improved storage system

In July 2019, SGEI certified vault (ICBC Shenzhen) was officially put into use, further improving the storage system and the efficiency of physical gold delivery through the International Board (IB). The new vault will facilitate IB's gold import function and allow SGEI to provide better services to countries along the Belt and Road , thereby enabling SGE to better support the real economy, promote the structural optimization and upgrade the domestic gold industry.

(II) Launching the Gold Road Project and Supporting the Belt and Road Initiative

With strong support from PBC and various local governments, SGE, together with its international members, launched the Gold Road Project to align China's vast processing and manufacturing capacity with the gold industries in countries and regions along the Belt and Road. This would allow those countries and regions to benefit from China's high industrial output, drawing their gold traders and investors to the Chinese market, helping build China into a regional center for gold trading, storage, and transport. On August 8, 2019, the first batch of finished products, produced under the Gold Road Project according to a "gold leasing + jewelry manufacturing" arrangement, was handed over and re-exported in Shenzhen, marking the successful launch of the Project as a new business model.

(III) Enhancing International Cooperation

In 2019, SGEI achieved breakthroughs in cross-market cooperation as part of its "going global" efforts. It built closer ties between Chinese and Russian gold markets, in particular by facilitating Central Counterparty National Clearing Center, to become an international member, and by holding training programs for employees of the two exchanges. SGEI continued to make progress on potential collaboration with Indian exchanges and on interconnectivity with gold markets in other countries and regions, such as Macao China. SGEI also enhanced marketing efforts, explored potential partnership opportunities, and increased the recognition and influence of the International Board.

Chapter 2

Shanghai Futures Exchange Market

[Written by Shanghai Futures Exchange]

The year 2019 marks the 70th anniversary of the People's Republic of China and the 20th anniversary of Shanghai Futures Exchange (SHFE). Under the leadership of China Securities Regulatory Commission (CSRC) and with market support, SHFE, as an important part of China's Financial Market Infrastructure, has been committed to supporting the real economy and strengthening the market, promoting rule-of-law and professionalism, and preventing risks. It has adhered to its 3rd Five-Year Plan which called for "product diversification, market internalization, information aggregation, technology-driven development, talent-centric growth, and comprehensive risk management". It strives to offer higher-quality and more efficient financial products and services, to enable more effective global resource allocation, and to build itself into a well-regulated, transparent, open, dynamic, and resilient futures market and commodity pricing center. Gold futures is a major product at SHFE. In 2019, the trading volume of gold futures surged as the exchange welcomed diversifying product mix, higher market efficiency, and greater price discovery and hedging functions. SHFE's gold futures helped stabilize the production and operations of gold enterprises and promote industry upgrading, becoming a major pricing benchmark for the gold market and a key instrument for risk management.

I. Market Overview

(I)Trading

In 2019, on a single-counted basis (i.e. buy or sell side), 46.2086 million lots of gold futures,

Figure 2.1 Trading Volume of SHFE Gold Futures in 2017—2019

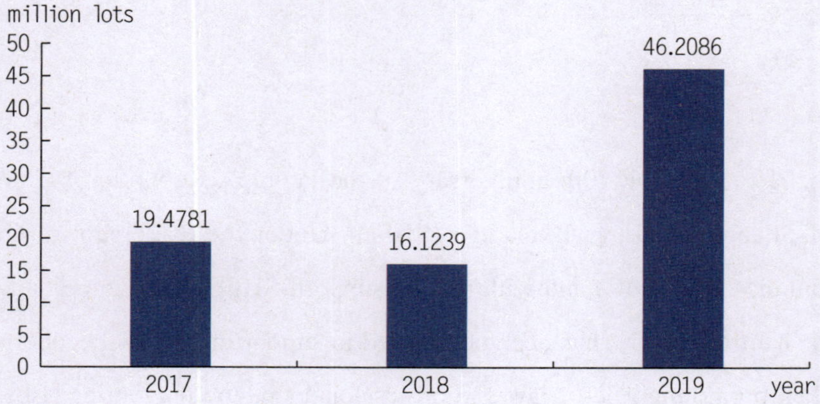

Note: Single-counted basis.
Source: SHFE.

Figure 2.2 Turnover of SHFE Gold Futures in 2017—2019

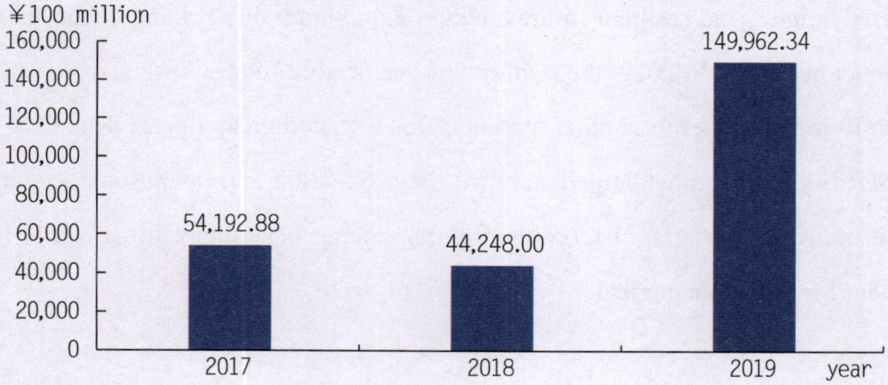

Note: Single-counted basis.
Source: SHFE.

equaling approximately 46,200 metric tons of gold, were traded on SHFE, up by 186.58% year-on-year. Turnover was ¥15.00 trillion, up by 238.91% from 2018 (see Figure 2.1 and figure 2.2). The year's daily average volume was 189,400 lots valued at ¥61.46 billion. Daily open interest was 263,300 lots on average and 219,400 lots by year-end. Gold options were listed for trading on December 20, 2019, and by year-end, 40,900 lots, with a nominal value of ¥320 million, had been traded.

1. Monthly volume

In 2019, the average monthly volume of gold futures was 3.8507 million lots (approximately 3,850.7 metric tons), 186.58% more than the year before. The monthly volume fluctuated throughout the year, reaching its highest point of 8.6992 million lots in August (approximately 8,699.2 metric tons), and its lowest of 1.5669 million lots in February (see Figure 2.3).

Figure 2.3 Monthly Volume of SHFE Gold Futures in 2017—2019

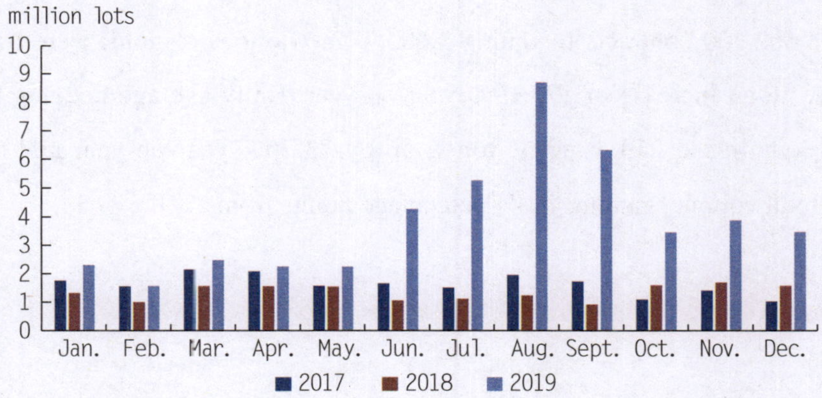

Note: Single-counted basis.
Source: SHFE.

2. Month-end open interest

In 2019, month-end open interest averaged 263,300 lots (approximately 263.3 metric tons), up by 59.44% year-on-year. The yearly high was 358,200 lots in August, and yearly low was 186,500 lots in January (see Figure 2.4).

Figure 2.4 Month-End Open Interest in SHFE Gold Futures in 2017—2019

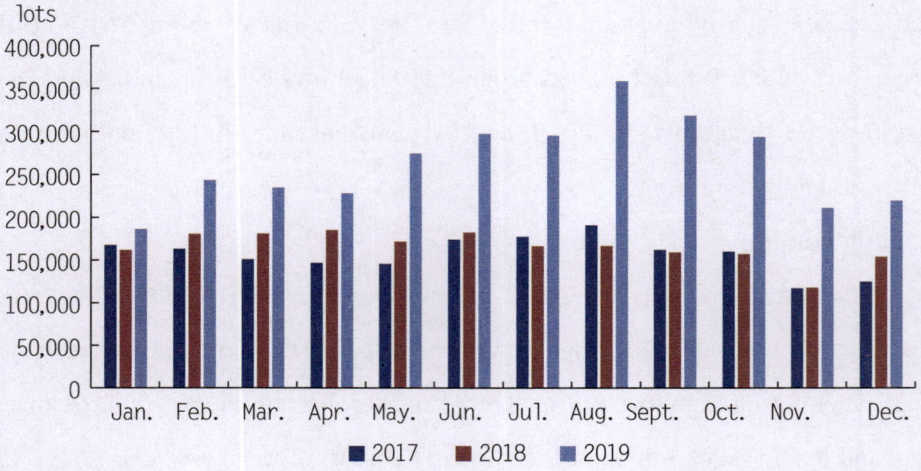

Note: Single-counted basis.
Source: SHFE.

3. Hedging transactions

In 2019, 3,602,700 contracts (equaling 3,602.7 metric tons of gold) were traded for hedging purposes, with an increase of 175.19% year-on-year. Daily average hedging positions were 213,600 lots (equaling to 213.6 metric tons), up by 73.76% year-on-year and accounting for 40.55% of the total volume, gaining 10.04 percentage points from 2018.

(II) Delivery

By the end of 2019, SHFE maintained 6 designated delivery storage facilities in partnership with Industrial and Commercial Bank of China, Agricultural Bank of China, Bank of China, China Construction Bank, Bank of Communications, and Shanghai Pudong Development Bank, consisting of 39 deposit locations. In 2019, gold futures delivery totaled 2,163 kg, down by 52.35% year-on-year (see Figure 2.5). Monthly delivery averaged 180.25 kg, with an annual delivery ratio of 0.01%.

Figure 2.5 Delivery Volume of SHFE Gold Futures in 2017—2019

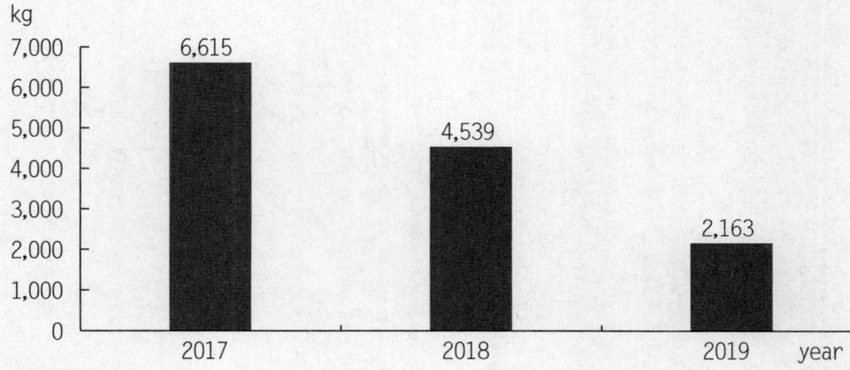

Source: SHFE.

(III) Member Participation

In 2019, 171 SHFE members, or 86.36% of its total membership, participated in gold futures trading, comprising 147 futures-firm members and 24 non-futures-firm members. The top ten members by turnover in gold futures accounted for 52.71% of the market total, a gain of 6.75 percentage points over 2018.

II. Market Prices

(I) International Gold Futures Pricing

International gold prices generally trended upward in 2019 (see Figure 2.6). To take the gold futures contract at COMEX as an example, the most actively traded contracts opened the year at $1,285.0/ozt; reached a yearly high of $1,566.2/ozt on September 4 and a yearly low of $1,267.3/ozt on May 2; and closed the year at $1,523.1/ozt. The closing price was $241.8/ozt or 18.87 % higher compared with 2018 year-end.

Figure 2.6 Domestic and International Gold Futures Prices in 2019

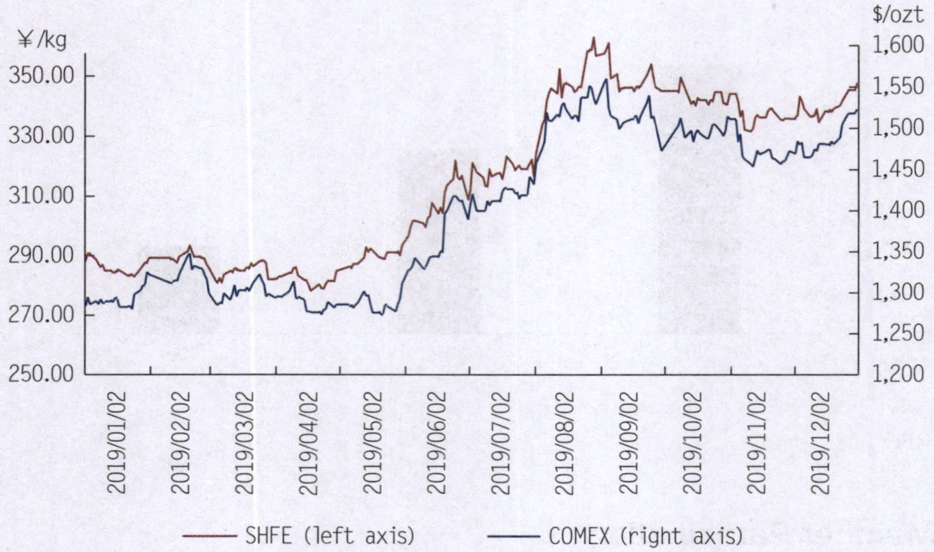

Source: SHFE and Reuters.

In 2019, slowing global economic growth, coupled with a low-interest-rate environment, loosening monetary policies, as well as policy reversal actions taken by the U.S. Federal Reserve –including early stop to its shrinking of balance sheet, three-time rate cuts, and purchase of Treasury bills – pushed up international gold prices. Additional supportive factors came from the intensifying global trade frictions, geopolitical instabilities and increasing holding of gold reserves by central banks around the world. At the beginning of the year, the international gold price maintained the growth momentum which started from the fourth quarter of 2018, hitting the first-half highest point of $1,349.8/ozt on February 2. The price would then fall to the yearly lowest point of $1,267.3/ozt on May 2. It then strongly rebounded and, on September 4, reached $1,566.2/ozt, a new high record for the past six years. In the remaining months of the year, the price lost some ground under pressure but would rally to around $1,520/ozt by late December.

(II) Domestic Gold Futures Pricing

In 2019, SHFE gold futures followed a similar price trend as its international counterparts. The most active contract opened at ¥287.55/g on January 2, peaked at ¥363.85/g on September 4, hit its lowest point of ¥277.80/g on April 18, and closed at ¥347.48/g, gaining ¥59.63/g (+20.72%) from the end of 2018.

Over the course of the year, the price correlation coefficient between SHFE gold futures and COMEX gold futures was 0.9888, showing highly correlated domestic and international markets; that between SHFE gold futures and Shanghai Gold Exchange's Au(T+D) contract was 0.9980, indicating high correlation between spot and futures prices in China. Figure 2.7 and 2.8 shows the spread between domestic gold futures and Au(T+D) and between domestic gold futures and COMEX gold futures, respectively.

Figure 2.7 Spread between SHFE Gold Futures and SGE Au(T+D) in 2019

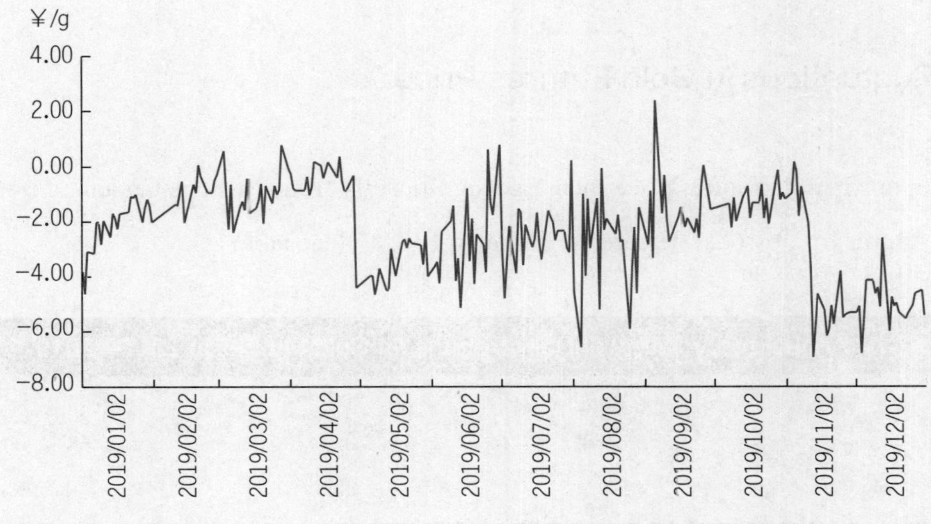

Note: Settlement price.
Source: SHFE and Reuters.

Figure 2.8 Spread between SHFE Gold Futures and COMEX Gold Futures in 2019

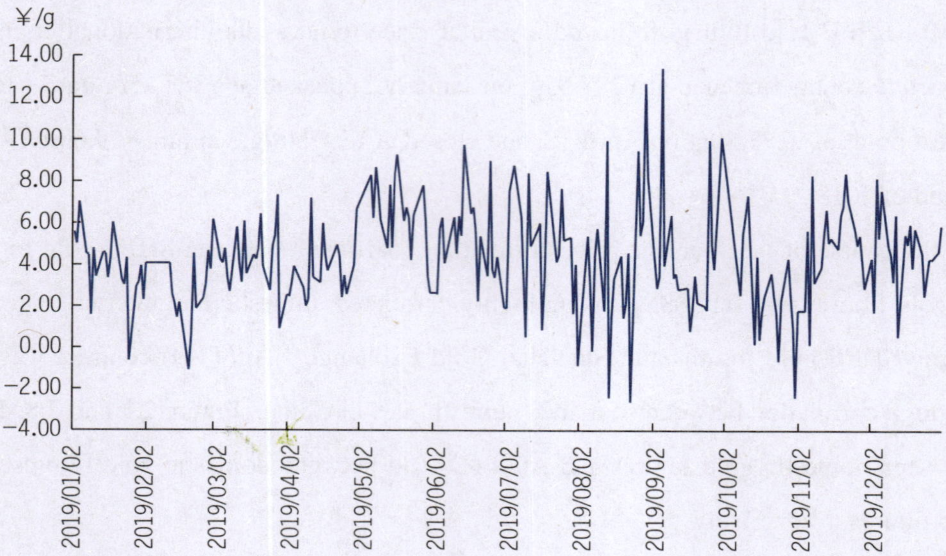

Note: COMEX prices have been converted to RMB closing price based on the daily middle-rate published by the PBC.

Source: SHFE and Reuters.

(III) Fluctuations in Gold Futures Price

Fluctuations in gold futures price increased significantly from 2018, as the annualized volatility of daily returns rose by 6.24 percentage points to 13.10% (see table 2.1).

Table 2.1 Annualized Volatility of Daily Returns on Gold Futures in 2017—2019 Unit:%

Year	2017	2018	2019
Annualized volatility	8.57	8.86	13.10

Note: Annualized volatility is calculated by multiplying the standard deviation of daily returns (closing price) by the square root of number of trading days in the year.

Source: SHFE.

III. Market Building

In 2019, under the guidance of the Xi Jinping Thought on Socialism with Chinese Characteristics for a New Era and the leadership of CSRC, SHFE has strengthened market supervision; promoted product, business, and technical innovation; and continued to implement its 3rd Five-Year Plan, in order to better perform its functions as a key financial market infrastructure, serve China's real economy and national initiatives, and build itself into a world-class exchange of the top notch. In particular, SHFE took the following actions to strengthen the gold futures market:

(I) Promoting the Rule-of-law of the Futures Market, Serving National Strategies and Industrial Policies, and Concertedly Building up a Multi-layered Gold Market System

First, SHFE worked closely with government agencies in drafting the *Futures Law*, so as to strengthen the legal foundation for futures trading and for the development and opening-up of the domestic futures market. Second, SHFE worked with relevant ministries, commissions, and industry associations in implementing the VAT reform and policies for industry development, and enhanced the connectivity with spot gold market and commercial banks' OTC market, in order to strengthen China's multi-layered gold market system and promote the sustainability of the gold industry and market. Third, seeking to converge with international industry standards and improve its corporate governance, SHFE completed an assessment and disclosure in accordance with the *Principles for Financial Market Infrastructure* (PFMI) co-developed by the Committee on Payment and Settlement Systems (CPSS) and International Organisation of Securities Commissions (IOSCO), and was recognized as a qualifying central counterparty (QCCP) by CSRC.

(II) Diversifying Product Offerings, Advancing the Supply-side Structural Reform of the Precious Metal Futures Market, and Improving Market Efficiency

On one side, SHFE continued to ramp up product and service innovation, officially launched gold options trading and silver standard warrants trading. They represent a concrete step taken by SHFE according to its "one focus and two supporting lines" design for precious metals product mix that is built on futures, option and standard warrants, and has provided a new series of risk management tools for industrial participants. On the other side, SHFE improved its existing precious metals products, such as by revising the minimum price fluctuation and delivery rules for gold futures and fine-tuning position limits and other trading parameters. In addition, SHFE improved collateral management, made progress on the acceptance of government bonds as margin collaterals, and accelerated the introduction of portfolio margin as parameter estimation and localization scheme were completed. The calculation and collection of custody fee for marketable securities and the formula for interest earned on clearing deposit balance were updated to address market concerns. Studies were underway on the progressive margining system and the streamlining of the delivery procedures to improve funds utilization rate. SHFE also introduced market makers for the trading of gold futures and further improved the trading continuity and price formation mechanism of gold futures to enhance the influence and use of the gold futures price, thereby increasing the appeal of "SHFE Gold", or "Shanghai Gold" to domestic and even international investors as a resource allocation reference.

(III) Improving the Number and Quality of Institutional Investors, Optimizing the Structure of Market Participants, and Ensuring the Hedging Functions of the Futures Market

SHFE took a series of actions to facilitate the lawful flow of funds into the futures market, attract long-term institutional investors, and maintain the soundness of the gold futures market. First,

SHFE proactively included banks to be its non-futures-firm members to serve as a "market stabilizer." By the end of 2019, 20 commercial banks have become members of SHFE and thus may engage in proprietary trading of gold futures. Second, SHFE encouraged such non-bank financial institutions as securities brokers, fund companies, futures firms and risk management companies to enter the futures market. By the end of 2019, SHFE had more than 12,000 special institutional customers (including asset management subsidiaries of futures firms, the accounts of collective wealth management products of securities brokers, and special fund accounts). Third, to create synergy among outreach programs, SHFE co-organized events such as international gold conferences, industrial center initiatives, and "the Futures Lectures Series" with industry associations and participants of the spot market, so as to strengthen investor and industry professional education, promote the application and effective use of futures instruments, and raise the competitiveness and resilience of the gold industry.

(IV) Implementing Comprehensive Risk Management and Safe Operation Frameworks, Enhancing Look-through Market Supervision, and Preventing Systematic Risks

First, to create supervisory synergy, SHFE bolstered risk monitoring, early warning, and risk resolution and took forceful actions against all types of violations to continuously enhance the efficiency and deterrence effects of its front-line supervisory programs. SHFE also fully implemented a look-through supervision and improved its supervisory model in which regulating the members is prioritized, in order to maintain a fair, impartial, and open market and to protect investors. Second, SHFE closely monitored the development of the gold futures market, promptly assessed market risks, and proactively formulated contingency plans and countermeasures, so as to guard against and mitigate abnormal fluctuations and maintain a stable gold futures market. Third, SHFE established integrated risk and operation frameworks, updated the list of potential risks and corresponding operational procedures, adhered to a problem- and solution-driven risk management approach, better integrated internal risk controls with standardized operations, and emphasized the responsibility and accountability for safe operations. These efforts helped create a stable environment for reform and development.

(V) Strengthening Infrastructure Construction, Maintaining Technology Leadership, Laying the Groundwork for Further Business Development

First, while adhering to ISO 20000 technology management systems, SHFE continued to optimize its trading, clearing, risk control, and other core systems; accelerated the construction of its new-generation IT system; and improved the degree of system automation. Second, SHFE developed a member-end IT system to provide members with more convenient and flexible technology services. Meanwhile, SHFE officially launched the Market Data Platform 2.0, which improved data transmission rate and enabled the delivery of more market trading data and higher quality,as well as more efficient, cost-effective, and equitable market data services, thus providing technology assurance for further business development. Third, in line with its "client- and need-oriented" business philosophy, SHFE launched China's first independently developed automated delivery matching system, which could not only ensure fairness of the assignment process, but also better meet the customized needs of enterprises, improve operational efficiency, reduce delivery cost, and boost overall client satisfaction.

IV. The Work Ahead

In the context of fast accumulating risks in domestic and international environments, China's gold futures market – an integral part of the country's capital market and multi-layered gold market – is facing unprecedented opportunities and challenges. This new historic starting point calls for a new mandate for the gold derivatives market: to accelerate the construction of competitive gold futures-based derivatives market system that is commensurate with the growth of the real economy and in line with the market's risk management needs. Under the leadership of CSRC, SHFE will be fully committed to serving the real economy and adapting international standards and global perspectives to the local context. It will model after leading international exchanges, continuously improve its operations, and accelerate innovation in the gold derivatives market, so as to support the high-quality development of the gold industry.

(I) Strengthening Financial Functions of Derivative Products to Support the High-quality Development of the Gold Industry and Market

Drawing on the experience of domestic and overseas gold markets to address market demand and concerns, SHFE will systematically update its gold futures product, with priority given to find innovative solutions in terms of legal frameworks, trading rules, and IT systems to resolve key challenges in trading, clearing, and delivery. This effort will be undertaken under the premise of strict risk control, and with the goal of enhancing the financial function and convenience of the product and providing market participants with a low-cost yet efficient risk management tool. Meanwhile, SHFE will spur IT innovation and fully tap into its information resources to produce internationally influential gold price.

(II) Improving Product Structure to Promote the Real Economy and Global Resource Allocation

SHFE will increase the product supply of derivatives contracts, expedite the internationalization of gold futures, and invest more resources into the development of precious metal products, precious metal index futures, and ETF derivatives. These initiatives will help strengthen the "one focus and two supporting lines" product structure of SHFE's precious metals segment, thus creating a spot and futures market system featuring multi-layered, wide-ranging, and differentiated products. SHFE will also take an active part in serving national strategies including the Belt and Road Initiative, RMB internationalization, and the construction of international financial center by providing inbound and outbound market participants with more effective and refined risk mitigation tools, thus enabling global customers to better manage price risks through derivatives.

(III) Embracing Financial Market Opening-up and Enhancing the Global Influence of Domestic Futures Prices

China's gold derivatives market has been growing thanks to global trade, new industry priorities, and increasingly sophisticated IT networks. The pricing center jointly built by all market participants, which supported the real economy, connected markets, resources, products, logistics, and upstream and downstream industries, had made Chinese prices to be "heard" in the global gold market. To bolster the global influence of domestic futures prices, SHFE is determined to more effectively connect the domestic and overseas markets, as well as futures and spot markets, and to promote the international prominence of "Shanghai Prices".

(IV) Facilitating Market Access to Fuel Economic and Social Development and Meet Growing Wealth Management Demands

Domestic and international experiences have shown that gold futures, as a major safe-haven asset, is indispensable to wealth management and stability. Investors – especially major gold producing and consuming enterprises and financial institutions – can not only hedge with gold futures products to mitigate price fluctuations, but also use them to optimize resource allocation and reap the fruits of economic growth. To this end, SHFE will adhere to its people-centric business philosophy, drive product innovation and further raise market efficiency and robustness.

(V) Preventing Financial and Systemic Risks

The rising interconnectedness and complexity of financial risks have brought new challenges to maintain financial safety and ensure the penetrability, precision, and timeliness of risk prevention measures. As the first line of defense, SHFE will implement national directives on financial safety while building a more law-based, professional, market-driven, and international trading venue. It will also strive to further improve its supervisory capacity to cope with the ever more open financial environment, enhance cross-border supervisory cooperation, and steadfastly maintain an open, fair, and impartial market.

| Chapter *3* |

Commercial Banks' Gold Businesses

[Written by PBC Shanghai Head Office]

In 2019, commercial banks continued to play a dominant role in China's gold market, accounting for over 80% of the gold trading at SGE. Domestic OTC trading volume rose, while overseas trading volume cooled from the year before.

I. Falling Gold Trading Volume by Commercial Banks at SGE

In 2019, commercial banks traded 56,202.19 metric tons of gold at SGE (including proprietary and brokerage trades) (see Figure 3.1), a decrease of 5.20% year-on-year; turnover reached ¥17,586.757 billion, an increase of 9.45% year-on-year. In terms of the breakdown of proprietary and brokerage trades, commercial banks traded 48,925.93 metric tons of gold for their own account (–10.4% year-on-year) and 7,276.25 metric tons for their customers (+39.22%), including 994.97 metric tons for enterprise customers and 6,279.28 metric tons for individual customers. In terms of trading mode, price matching trades accounted for 16,136.50 metric tons (+26.16%), price asking trades 38,955.17 metric tons (–14.65%), and benchmark price trading 1,110.52 metric tons (–20.88%). These figures represented 59.62%, 96.57%, and 95% of the total gold trading volume in price matching, price asking, and benchmark pricing markets at SGE, respectively.

Figure 3.1 Total Gold Trading Volume of Commercial Banks at SGE and Market Share

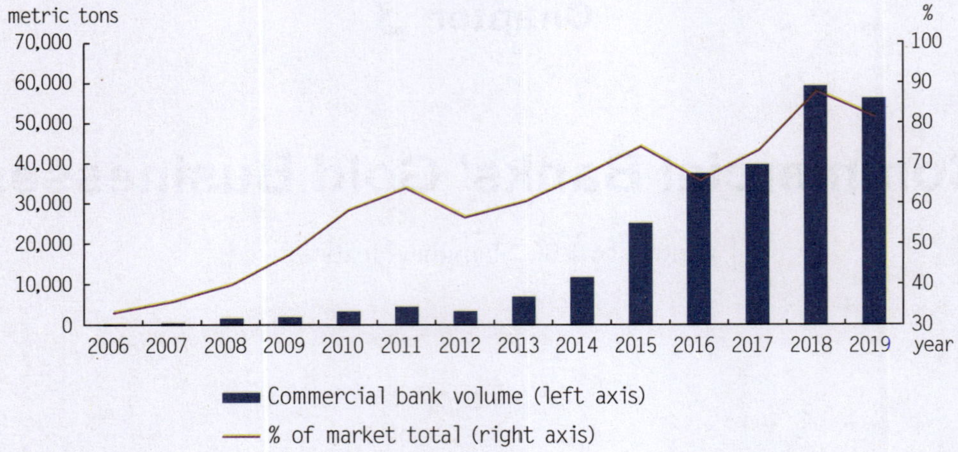

II. OTC Trading Grew

In 2019, commercial banks traded 10,200 metric tons of gold in China through OTC transactions (+7.81% year-on-year). Among them, paper gold, gold lending, and gold-based wealth management products showed strong growth momentum, while physical gold sales, gold leasing, and gold forward products showed a volume decline.

(I) Physical Gold Sales Declined as Redemption Rose

In 2019, commercial banks sold a total of 208.16 metric tons of physical gold (–18.18% year-on-year), equaling ¥69.279 billion in turnover (–7.78%) and comprising 111.64 metric tons of gold accumulation plans (–24.08%), 76.05 metric tons of proprietary brand products (–6.94%), and 20.47 metric tons of third-party products (–20.10%) (see Figure 3.2). Physical gold repurchase and redemption volumes by commercial banks totaled 197.58 metric tons, up by 46.49% year-on-year. Among them, the repurchase volume of proprietary brand and third-party products totaled 40.00 metric tons (+186.99%) and 22.27 metric tons (+114.13%), respectively; the redemption volume of gold accumulation plans totaled 135.37 metric tons (+22.44%).

Figure 3.2 Physical Gold Sales Volume of Commercial Banks

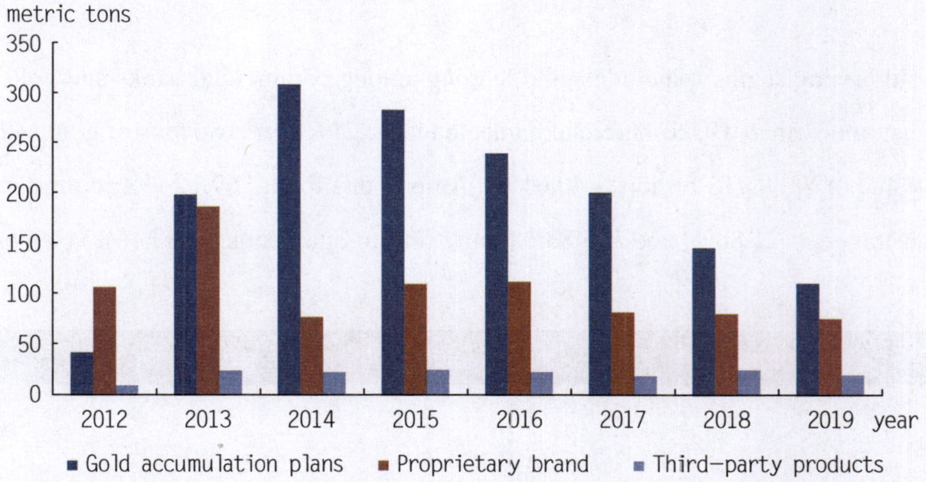

(II) Expanding Paper Gold Market

In 2019, 13 commercial banks offered paper gold products, which posted 3,513.44 metric tons of gold trading volume (+10.88%) valued at ¥1,113.382 billion (+30.43%) for buy and sell sides combined. Among this total, 3,277.63 metric tons (+9.84%) were attributed to RMB accounts, and 235.81 metric tons (+27.71%) were attributed to USD accounts (see Figure 3.3).

Figure 3.3 Paper Gold Trading Volume through Commercial Banks

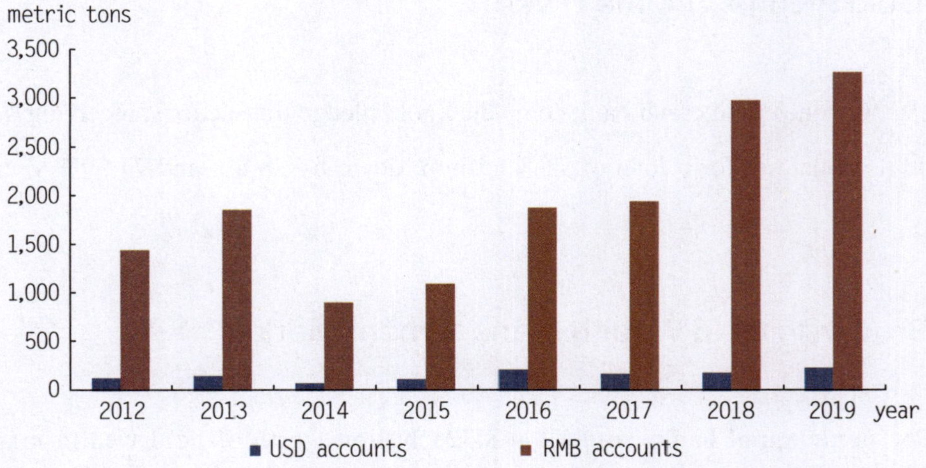

(III) Decrease in Gold Leasing to Customers, Increase in Gold Lending among Commercial Banks

The gold leasing segment includes gold lending among commercial banks and gold leasing to corporate customers. In 2019, commercial banks loaned 2,217.15 metric tons of gold (+24.91%) at a nominal value of ¥688.713 billion (+40.61%). Among this total, 769.12 metric tons were lent to corporate customers (–21.88%) and 1,448.03 metric tons to other banks (+83.16%) (see Figure 3.4).

Figure 3.4 Gold Leasing Volume at Commercial Banks

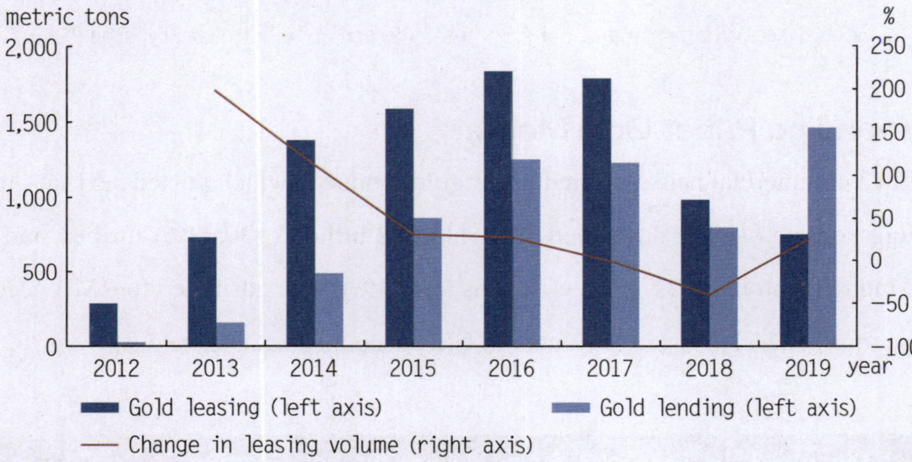

(IV) Gold Pledge Volume Dived

In 2019, only one commercial bank completed gold pledge transactions, receiving 0.04 metric tons of gold as collateral for a loan of ¥6.8 million, down by 78.8% and 77.59% year-on-year, respectively.

(V) Growth in Gold Wealth Management Market

In 2019, commercial banks sold ¥2,468.321 billion worth of gold wealth management products (+31.70%), and on-maturity redemption amount reached ¥2,121.356 billion (+16.46%).

(VI) Trading in Domestic Gold Derivatives Rose

OTC gold-based derivative products offered by commercial banks in China include USD- and RMB-priced gold forwards, gold options, gold swaps, and gold-RMB interest rate swaps. In 2019, total trading volume of gold derivatives reached 4,318.2 metric tons (+8.51%). Product-wise, gold swaps accounted for 3,056.53 metric tons of the total (+23.16%), gold options 445.96 metric tons (+35.03%), gold forwards 562.21 metric tons (–51.85%), and gold-RMB interest rate swaps 253.5 metric tons. Currency-wise, derivative products quoted in RMB accounted for 1,318.11 metric tons (+6.32%), and those quoted in USD accounted for 3,000.08 metric tons (+9.50%).

III. General Decline in Overseas Gold Trading Volume

Overseas gold trading of commercial banks still mainly comprised gold spots, gold forwards, gold swaps, and foreign gold leasing, and supplemented by a small percentage of gold futures and gold options. In 2019, commercial banks traded 23,347.12 metric tons of various overseas gold derivative products at an aggregate nominal turnover of $1,037.43 billion, a decrease of 17.48% and 10.05%, respectively (see Figure 3.5).

Figure 3.5 Overseas Gold Trading Volume

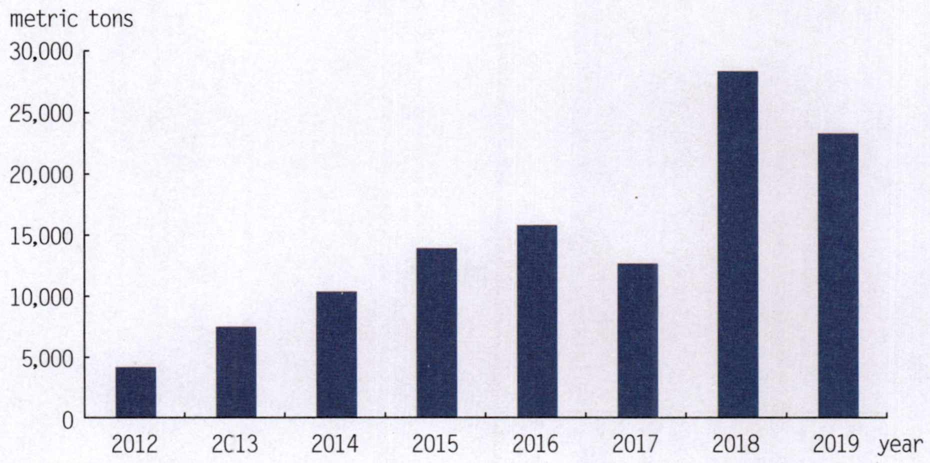

This total included 4,072.91 metric tons in gold spots (–15.92%), 1,275.59 metric tons in gold forwards (–25.92%), 12,782.5 metric tons in gold swaps (+9.41%), 89.14 metric tons in gold futures (–40.01%), 188.55 metric tons in gold options (a 38-fold increase year-on-year), 4,925.28 metric tons in overseas gold leasing (–50.2%) and 13.15 metric tons in other USD-denominated gold derivatives.

| Chapter 4 |

Gold Supply and Demand

[Written by China Gold Association]

In 2019, China's gold supply totaled 1,705.70 metric tons, a decrease of 190.80 metric tons, or 10.06%, compared with 2018. On a year-on-year basis, processed gold fell 2.62% to 500.42 metric tons, recycled gold surged 66.19% to 464.68 metric tons, and imported gold fell 32.86% to 740.60 metric tons (see Table 4.1).

Table 4.1 China's Gold Supply and Demand in 2019 Unit: metric tons

I. Gold supply			
	2019	2018	% Change year-on-year
(1) Processed gold	500.42	513.90	-2.62
(2) Recycled gold	464.68	279.60	66.19
(3) Imported gold	740.60	1,103.00	-32.86
Total supply	**1,705.70**	**1,896.50**	**-10.06**
II. Gold demand			
(1) Gold consumption	1,002.78	1,151.43	-12.91
1. Jewelry	676.23	736.29	-8.16
2. Bars and coins	225.80	309.20	-26.97
3. Industrial and other uses	100.75	105.94	-4.90
(2) Jewelry and product exports	248.57	260.67	-4.64
(3) Investment	293.15	351.18	-16.52
1. Gold-backed ETFs	-0.31	-4.27	—
2. Flows and allocations by institutions	293.46	355.45	-17.44

concluded

II. Gold demand			
(4) Central bank net purchase	95.80	9.95	862.81
Total demand	**1,640.30**	**1,773.23**	**–7.50**
III. Balance			
New inventory	**65.40**	**123.27**	**–46.95**

Source: China Gold Association.

China's gold demand in 2019 was 1,640.30 metric tons, down by 132.93 metric tons (–7.50%) compared with 2018. Of this total, consumption dropped 12.91% to 1,002.78 metric tons, gold jewelry and product exports decreased 4.64% to 248.57 metric tons, investment needs fell16.52% to 293.15 metric tons, and central bank net purchase increased 862.81% to 95.80 metric tons.

In 2019, China gained 65.40 metric tons in gold inventory (–46.95%), and held onto the title of world's largest gold producer and consumer.

I. Gold Supply Structure

China's gold supply in 2019 was composed of 500.42 metric tons of processed gold, 464.68 metric tons of recycled gold, and 740.60 metric tons of imported gold, accounting for 29.34%, 27.24%, and 43.42% of the total, respectively. Imported gold remained the largest source of gold for China (see Table 4.2).

Table 4.2 China's Gold Supply Structure in 2019 Unit: metric tons

Category	2019	2018	Change year-on-year	% Change year-on-year	% of total year-on-year
Processed gold	500.42	513.90	–13.48	–2.62	29.34
Recycled gold	464.68	279.60	185.08	66.19	27.24
Imported gold	740.60	1,103.00	–362.40	–32.86	43.42
Total	**1,705.70**	**1,896.50**	**–190.80**	**–10.06**	**100.00**

Source: China Gold Association.

(I) Processed Gold

1. Production from domestic and imported raw materials

China produced 500.42 metric tons of gold in 2019, down by 2.62% compared with the year before. In particular, while China retained the title as the world's largest gold producer in the world – now for 13 straight years and counting – domestic output of raw materials fell 5.21% to 380.23 metric tons. The remaining production volume of 120.19 metric tons came from processing of imported raw materials, up by 6.57% year-on-year. Due to the abolishment of mining rights in nature reserves, institution of mining royalty, identification of cyanide residues as hazardous waste, and the depletion of certain mines, production fell in major gold-producing provinces (autonomous regions) such as Henan, Fujian, and Xinjiang. The substantial output drop in domestic mines had triggered a supply squeeze on raw materials for refiners, pushing up gold import which became an important supplement to domestic production.

2. Mine output and non-ferrous metals-associated gold

In 2019, production from gold mines declined 9.13% to 314.37 metric tons, and production from non-ferrous metals mines rose 19.42% to 65.86 metric tons.

3. Major producing provinces (including production with imported raw materials)

In 2019, the top five gold producing provinces in China were Shandong (188.18 metric tons), Henan (90.17 metric tons), Jiangxi (44.21 metric tons), Gansu (28.08 metric tons), and Yunnan (25.68 metric tons) (see Table 4.3). Their combined output stood at 376.31 metric tons, accounting for 75.20% of China's total output (inclusive of production with imported raw materials), a gain of 6.39 percentage points from the preceding year.

Table 4.3 Top Five Gold Producing Provinces in 2019 Unit: metric tons

Rank	Province	2019	2018	% Change year-on-year
1	Shandong	188.18	176.70	6.49
2	Henan	90.17	89.04	1.27
3	Jiangxi	44.21	40.54	9.04
4	Gansu	28.08	24.23	15.85
5	Yunnan	25.68	23.08	11.27

Further Reading

By the end of 2018, China's identified gold reserves amounted to 13,638.40 metric tons, up by 3.36% year-on-year. It marked the 14th consecutive year of growth and the 4th year above the 10,000 metric tons -threshold for China.

Shandong, Henan, and Hunan registered the largest gains in identified gold reserves in 2018, by 173.54 metric tons, 67.50 metric tons, and 56.64 metric tons, respectively. Gains in the three provinces totaled 297.68 metric tons, 67.22% of the total newly identified gold reserves nationwide.

(II) Recycled Gold

In 2019, China refined 1,193.34 metric tons of gold, including a recycling volume of 464.68 metric tons, up by 66.19% year-on-year and representing 27.24% of China's total supply. The rise of gold price bolstered the recycling volume.

In 2019, China's top five refineries by output are Shandong Gold Smelting, Shandong Zhaojin Gold and Silver Refinery, Shenzhen ZHL Industrial, Zijin Mining Group Gold Smelting, and Shenzhen Cuilu Gold. Altogether they refined 657.79 metric tons of gold, 55.12% of China's total refinery production.

(III) Imported Gold

Estimating from China customs data, China's gold import in 2019was 740.60 metric tons, down by 32.86% year-on-year and accounting for 43.42% of the country's total gold supply. Despite the sharp year-over-year slide, China remained the world's second-largest gold importer after Switzerland.

II. Gold Demand Structure

At 1,640.30 metric tons, China continued to lead the rest of the world in gold demand, even with a 132.93 metric tons drop (–7.50%) from 2018 (see Table 4.4). In particular, consumption demand stood at 1,002.78 metric tons, accounting for 61.13% of the total domestic demand, 148.65 metric tons or 12.91% less than the year before but still making China the largest gold consumer for seven consecutive years; gold jewelry and product exports was at 248.57 metric tons, accounting for 15.15% of the total domestic demand; investment demand was 293.15 metric tons, or 17.87% of the total.

Table 4.4 China's Gold Demand Structure in 2019 Unit: metric tons

Category	2019	2018	Change year-on-year	% Change year-on-year	% of Total
I. Consumption	1,002.78	1,151.43	–148.65	–12.91	61.13
1. Jewelry	676.23	736.29	–60.06	–8.16	(41.23)
2. Bars and Coins	225.80	309.20	–83.40	–26.97	(13.77)
3. Industrial and other uses	100.75	105.94	–5.19	–4.90	(6.14)
II. Jewelry and product exports	248.57	260.67	–12.10	–4.64	15.15
III. Investment demand	293.15	351.18	–58.03	–16.52	17.87
1. Gold-backed ETFs	–0.31	–4.27	3.96	—	(–0.02)
2. Flows and allocations by institutions	293.46	355.45	–61.99	–17.44	(17.89)
IV. Central bank net purchase	95.80	9.95	85.85	862.81	5.84
Total	**1,640.30**	**1,773.23**	**–132.93**	**–7.50**	**100.00**

Source: China Gold Association.

(I) Consumption

1. Jewelry

Jewelry consumption amounted to 676.23 metric tons in 2019, down by 60.06 metric tons (–8.16%) year-on-yera and accounting for 41.23% of the total domestic demand. Downward pressure on the economy had lowered domestic gold consumption. Compounded by rising gold prices, jewelry consumption declined sharply in the second half of the year, unable to sustain the growth momentum in the first half of the year.

2. Gold bars and coins

In 2019, gold bars and coins consumption totaled at 225.80 metric tons, down by 83.40 metric tons (–26.97%) year-on-year and accounting for 13.77% of the total demand.The high gold prices made investors cautious about investing in physical gold, leading to a significant decline in sales of gold bars by major enterprises and commercial banks.

3. Industrial and other uses

In 2019, industrial and other usesamounted to 100.75 metric tons, falling 5.19 metric tons (–4.90%) year-on-year and accounting for 6.14% of China's total gold demand. This decline is attributable to thecontinuous rise in gold price.

(II) Jewelry and Product Exports

Based on customs data, China exported an estimated 248.57 metric tons of gold jewelry and products in 2019,down by 12.10 metric tons (–4.64%) year-on-year and accounting for 15.15% of the total domestic demand. This decline came on the heels of a growth year in 2018.

(III) Investment Demand

1. Gold-backed ETFs

By the end of 2019, domestic gold-backed ETFs were holding 44.71 metric tons of gold, a decrease of 0.31 metric tons from 2018. For the four gold-backed ETFs in China, the market share of Hua'An Yifu (518880), the largest among them, fell, while that of Guotai (518800)and E Fund (159934) posted a strong gain. Bosera (159937) also made a small gain in market share.

2. Flows and allocations by institutions

In 2019, institutional demand for inventory shifts and allocations, was 293.46 metric tons, down by 61.99 metric tons or 17.44% from 2018, and constituting 17.89% of the total demand.

(IV) Central Bank Net Purchase

Due to mounting global trade frictions, downward pressure on the world's major economies, global monetary easing, and geopolitical crisis, central banks around the world are increasing their gold reserves. By the end of December 2019, China had a gold reserve of 1,948.32 metric tons, up by 95.80 metric tons year-on-year and ranking seventh in the world.

| Chapter 5 |

International Market

[By World Gold Council]

I. Global Gold Market Summary

2019 was broadly a year of two distinct halves: resilience/growth across most sectors in the first half of the year contrasted with widespread weakness in the second. Global demand in the second half of the year was down by 10% on the same period of 2018, notably in jewelry demand and retail bar and coin investment. Central bank demand also slowed in the second half. But this was partly due to the sheer scale of buying in the preceding few quarters and annual purchases nevertheless reached a remarkable 650.3 metric tons – the second highest level for 50 years. ETF investment inflows bucked the general trend. Investment in these products held up strongly throughout the first three quarters of the year, reaching a crescendo of 256.3 metric tons in the third quarter. Technology saw modest declines throughout the year. The annual supply of gold increased 2% to 4,776.1 metric tons. This growth came purely from recycling and hedging, as mine production slipped 1% to 3,463.7 metric tons.

Figure 5.1 Huge Rise in ETE Inflows Almost Equalled the Sharp Drop in Consumer Demand in 2019

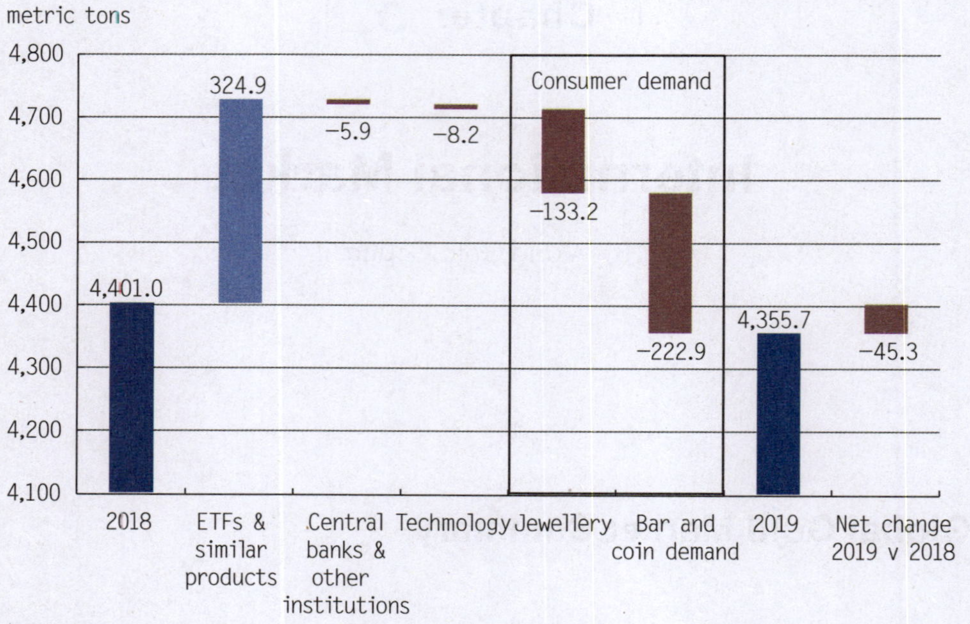

Source: Metals Focus, World Gold Council.

Highlights

★ Total fourth quarter demand fell 19% year-on-year to 1,045.2 metric tons. Two main contributors to the year-on-year drop were jewelry and physical bar demand, both of which reacted to the elevated gold price.

★ Inflows into global gold-backed ETFs and similar products pushed global holdings to a record year-end total of 2885.5 metric tons. Inflows were heavily concentrated in the third quarter as the gold price quoted in U.S. dollar rallied to a six-year high.

★ Central banks were net buyers for a 10th consecutive year: global reserves grew by 650.3 metric tons (–1% year-on-year), the second highest annual total for 50 years.

★ China and India held sway over global consumer demand. Together, decrease of the two gold consuming giants accounted for 80% of the year-on-year decline jewelry and retail investment demand in the fourth quarter of. High gold prices and a soft economic environment were the main culprits.

★ Total annual gold supply edged up by 2% to 4,776.1 metric tons. An 11% jump in recycling was the main reason for the increase. Annual mine production was marginally lower at 3,463.7 metric tons – the first annual decline for more than 10 years.

★ The gold price averaged $1,481 / ozt in the fourth quarter. This was the highest average price since the first quarter of 2013. And gold priced in various currencies – including euro, Indian rupee and Turkish lira – hit their highest levels in history.

II. Jewelry

The steep rise in the gold price in the second half of the year cut global jewelry demand: annual volumes fell 6% to 2,107 metric tons.

★ Jewelry demand in the fourth quarter sank to its lowest since 2011 – down by 10% year-on-year to 584.5 metric tons.

★ Weakness in India and China explained much of the drop in global volumes.

★ By contrast, the value of gold jewelry demand increased: the annual U.S. dollar value was its highest for five years at $94.3billion (+3%).

(I) India

A 17% year-on-year drop in the fourth quarter generated a 24% decline for the second half of the year in India. Key factors behind the second half weakness were higher gold prices (which hit the record high in the third quarter), domestic economic slowdown and muted rural demand. Weddings and retailer promotions checked the downfall to some extent.

Dhanteras – the first day of Diwali (the Festival of Light)which fell on 25 October– failed to bring cheer to gold demand in the fourth quarter as the rising domestic gold price and weak economic sentiment curtailed gold sales.

The slowdown was less pronounced among the more organised national and regional chain stores. Chain stores were better positioned to offer attractive promotions during Dhanteras and some launched new collections for Diwali and the wedding season, supporting their sales volume despite the higher gold price.

Similarly, demand for higher-value items was more resilient. The volume of high-value purchases held up relatively well. This reflected the broader resilience in higher-end sectors, which succumbed less easily to the challenging environment.

India's gold market continues to strive towards regulation and standardisation. The opening weeks of 2020 saw two important developments in India's gold market: notification on mandatory hallmarking for gold jewelry and the introduction of Indian gold delivery standards for gold bullion.

Figure 5.2　Rising Gold Prices and Slowing Economies Caused Weakness in Inida and China

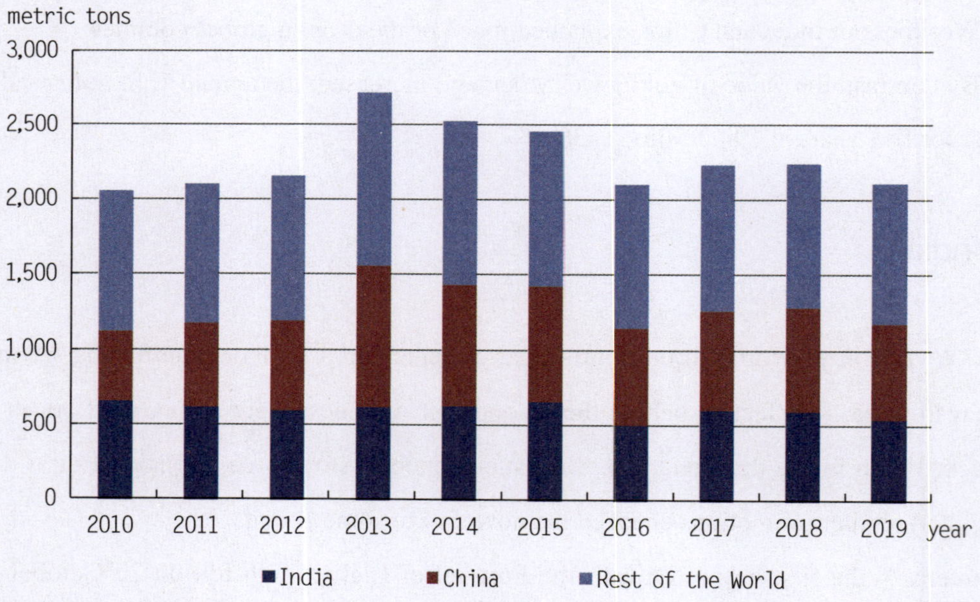

Source: Metals Focus, Refinitiv GFMS, World Gold Council.

(II) China

The jewelry demand of China, the largest jewelry consumption market in the world, was lower on a year-on-year basis in the fourth quarter. The slowing economy, rising inflation, higher gold prices and the younger generation's shifting tastes – towards lighter jewelry pieces with fashionable designs – contributed to subdued demand in 2019.

Traditional mass-appeal 24K jewelry continued to lose market share to more innovative products. Relatively weak performance in the traditional segment – which representsed the lion's share of China's jewelry market – dragged total jewelry demand down. But innovative products have been gaining market share as young consumers favour lighter pieces with fashionable designs.

Heritage gold had a good year in 2019. These chunky 24K products turned out to be popular among the middle-aged generation. Moreover, by incorporating "China Fashion" and using technology to reduce product weight, heritage gold attracted younger consumers too. Chinese youngsters don't believe gold jewelry can help them stand out and have a weak emotional connection to gold, according to 2019 global consumer research results. However, the appearance of heritage gold with its intricate cultural designs has proven effective in attracting younger consumers.

The traditional peak season for gold jewelry sales before Chinese New Year was as expected. The traditional belief that gold can bring good luck – combined with the fact that many companies grant year-end bonuses ahead of the lunar new year – lifted jewelry consumption ahead of the biggest festival of the year.

(III) Middle East & Turkey

Annual Middle Eastern jewelry demand fell 2% in 2019 after a 3% year-on-year decline in the fourth quarter. Fourth quarter demand in Iran dropped by 10% year-on-year, annual demand grew by 4% to 30.5 metric tons, although current condition in Iran suggest demand could remain muted into 2020.

Jewelry demand weakened across the rest of Middle Eastern due to the rising price of gold, and these markets continued to face economic and geopolitical challenges. Egypt was the outlier: Consumers, buoyed by improving economic indicators and continued stability in the domestic currency, generated annual demand of 26.4 metric tons (+7%). The outlook is fragile however, particularly while gold prices remain elevated and regional conflicts persist.

Turkish jewelry demand was remarkably resilient in the fourth quarter, fractionally lower at 9.1 metric tons (–1% year-on-year). Turkish lira prices climbed towards fresh record highs in the closing weeks of the fourth quarter, suggesting that demand could tail off during the first quarter of 2020.

Figure 5.3 The Gold Price Jumped in 2019, Hitting Record Highs in Some Currencies

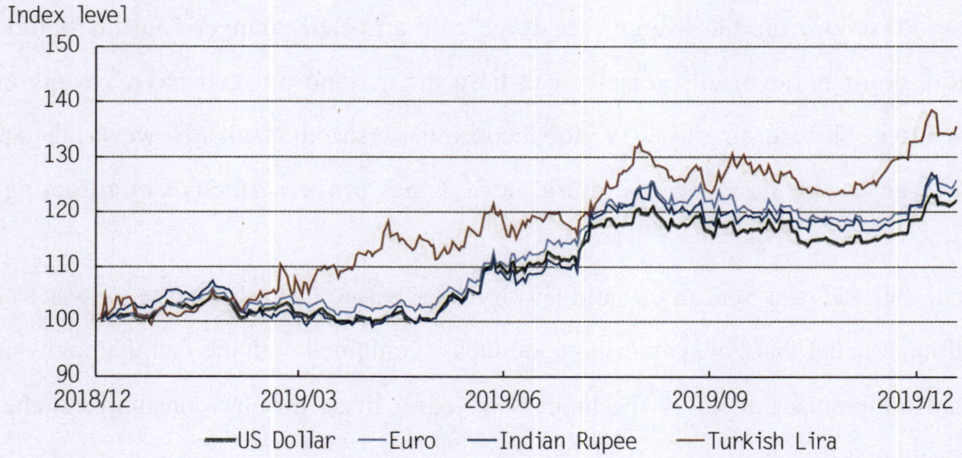

Note: Index level on December 31, 2018 was 100.
Source: ICE Benchmark Administration, Datastream, World Gold Council.

(IV) The West

U.S. jewelry demand grew for a third successive year in 2019, up by 2% to a 10-year high of 131.1 metric tons. Consumer confidence improved amid a relatively robust economic environment.

European jewelry demand was contrastingly weak in 2019. Annual demand lost 2% year-on-year to reach a low point of 72.1 metric tons. Political uncertainty across the region, a lacklustre economic backdrop and global geopolitical uncertainty took their toll on jewelry demand.

(V) Other Asia

Higher gold prices dented demand across the East Asian region in the fourth quarter, leading to widespread losses in full-year demand. Consumers in Indonesia and Thailand also had to contend with slowing domestic economies. In Vietnam, meanwhile, consumers have been hit by liquidity issues due to poorly performing investments in real estate and equities.

Japanese jewelry demand ran counter to the regional trend, rising by 4% year-on-year in the fourth quarter (to 5.2 metric tons). This equated to annual growth of 3%, with full-year demand reaching a six-year high of 7 metric tons. Feedback suggests that growth was concentrated in demand for kihei chains – a quasi-investment jewelry product range including plain and heavy gold chains.

III. Investment

Growth in annual investment demand was fuelled by ETF inflows, while bar and coin demand was contrastingly weak .

★ Gold's price rise had a mixed impact on investment: bar and coin investors took profits, while momentum buying contributed to inflows into gold-backed ETFs.

★ Low interest rates and geopolitical uncertainty pushed holdings of gold-backed ETFs to record highs of 2,901.8 metric tons during the fourth quarter.

★ A 10-year low in bar and coin demand owed much to steep declines in China and India.

(I) Gold-backed ETFs

Gold holdings in gold-backed ETFs and similar products closed at 2,885.5 metric tons in 2019 thanks to annual inflows of 401.1 metric tons. In U.S. dollar value terms, the combination of annual net inflows of $19.2billion and an 18% rise in the gold price lifted Asset Under Manayement (AUM) to $141.1billion by the end of December.

Monetary policy and geopolitics fuelled the bulk of annual inflows, while the price rise also drew in momentum-driven inflows. North American holdings saw the largest net increase in 2019, adding 206t ($10.1billion).European holdings added 188 metric tons ($8.8billion). Half of this growth was directed into UK-based funds, which added 91 metric tons ($4.1billion). Asian holdings finished the year relatively flat, losing 0.1 metric tons, while holdings in other regions added 7.6 metric tons, with most of the growth coming from Australian-listed fund sas the gold priced soared in local currency terms.

After exceptional third quarter inflows of 256 metric tons, momentum slowed in the fourth quarter. Inflows in October and December were punctuated by outflows in November. Global holdings reached record highs of 2,905.9 metric tons in mid-October and although these levels were not sustained, they held up near historical high for the remainder of the year.

Since dipping below 1,600 metric tons at the end of 2015, global gold-backed ETF holdings have nearly doubled – growing 81% to just shy of 2,900 metric tons at year-end. And the geographical allocation of these holdings has shifted over this time. Four years ago, US-listed funds accounted for almost two-thirds of global holdings (922.8 metric tons) and European-listed funds for just over one-third (583.6 metric tons). This regional split is now closer to 50:50 after holdings of European-listed funds more than doubled: by the end of 2019, they held 1,322.1 metric tons.

Figure 5.4 Golbal Gold-backed ETF Holdings Hit an All-time High in the Fourth Quarter of 2019

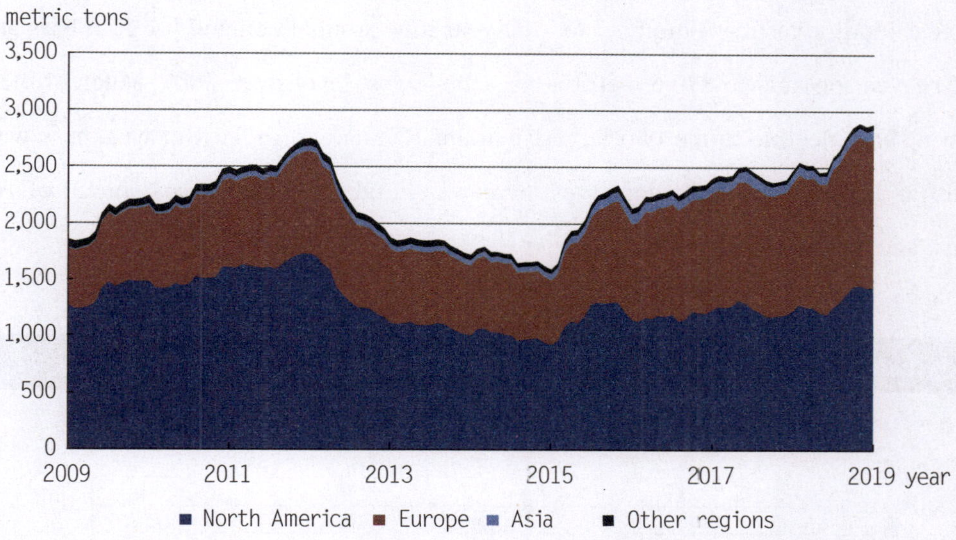

Source: Bollmberg, Company Filings, ICE Benchmark Administration, World Gold Council.

Holdings of Chinese-listed gold ETFs saw a 4.6 metric tons outflow in the fourth quarter as the bullish third quarter momentum in the gold pricecooled. But total holdings of 44.7 metric tons were largely unchanged at the end of 2019 when compared with end-2018.

AUM in Chinese gold-backed ETFsreached a record high in September 2019. Uncertainties and the bullish gold price momentum during the third quarter pushed holdings in domestic gold ETFs to ￥17billion (equal to $2.2billion) – the highest in history.

China's gold-backed ETF market is expanding. China Securities Regulatory Commission (CSRC) approved three new gold-backed ETFs in late October 2019, raising the number of Chinese gold-backed ETFs to seven. These new ETFs, also fully backed by physical gold, will be managed by ICBC Credit Suisse Asset Management, China Asset Management and the First Seafront Fund Management.

(II) Gold Bars and Coins

Full-year retail investment tumbled to a 10-year low. Annual demand for gold bars and coins dropped 20% year-on-year to 870.6 metric tons – the lowest level since 2009. Much of the decline came from a sharp decline in the two largest markets: China and India. But weakness was by no means confined to China and India: investment was notably weaker across much of Asia, the Middle East and the West.

Figure 5.5 Global Bar and Coin Demand Fell to a Ten-year Low in 2019

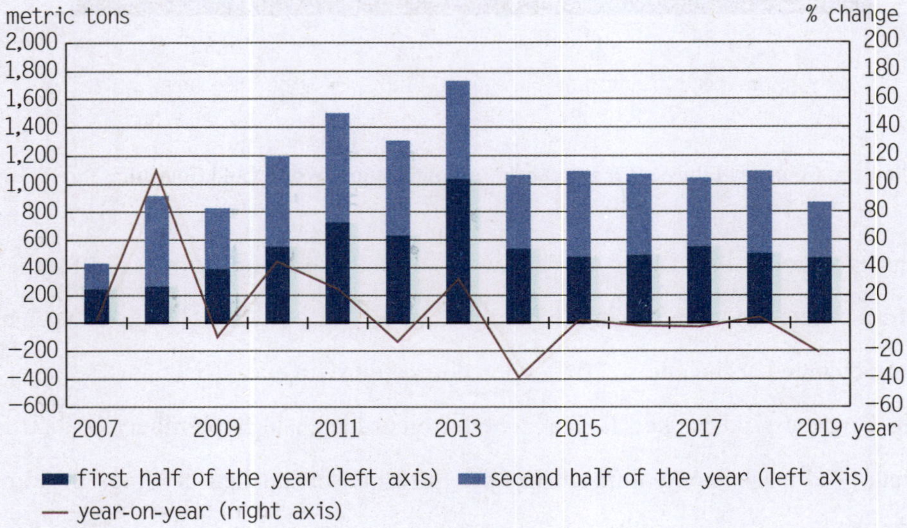

Source: Metals Focus, Refinitiv GFMS, World Gold Council.

Another steep fall in Chinese bar and coin demand in the fourth quarter compounded the annual decline. The rising gold price was the major factor denting bar and coin demand throughout the year; some investors took profits, while others deferred their investment decisions for a better entrance point as the gold price stayed high.

Indian fourth quarter retail investment fell for a second consecutive quarter, pulling annual demand down by 10% to 146 metric tons. Gold bar and coin demand during 2019 as a whole was overshadowed by the runaway performance of the stock market. The BSE Sensex reached successive record highs throughout the year, capturing the attention of urban investors.

India continues its efforts to regulate and standardise the gold industry. The Bureau of Indian Standards(BIS) recently announced standards for delivery of a range of items, including gold. The introduction of good delivery standards will help pave the way for bullion banking and gold spot exchange in India.

Almost without exception, investment demand fell across the Asian region: Japan and Thailand were significant contributors to the region's weakness. Japan saw negative net investment in each quarter of 2019, generating annual net disinvestment of 19.7 metric tons – easily the worst year for gold investment since 2011. The increase in consumption tax imposed in October, coinciding with local gold prices near their record highs, discouraged fresh investment.

Investment in Thailand recovered from the third quarter's negative levels, but – at 11 metric tons – was nevertheless fairly anaemic in the fourth quarter. The relative strength of the Thai baht throughout much of 2019 meant investors were less focused on the need for gold as a safe haven.

Turkey was an outlier: the investment in fourth quarter more than doubled year-on-year, lifting the annual total to 53 metric tons (+40% year-on-year). The reasons for the in fourth quarter jump in demand were twofold: many of the investors who had sold into the third quarter price rise bought back again as the gold price dipped back, expecting a resumption of the rally. And some investors chose to redeem their sovereign gold bond, taking delivery of gold coins as the bonds matured.

Iran was the laggard in the Middle East region beset by weakness. A sharp currency-led jump in the local gold price during the fourth quarter staved off fresh investment, but safe-haven buying is likely to have resumed as a response to the dispute since the beginning of 2020.

U.S. annual bar and coin demand sank to a fresh post-financial crisis low of 20 metric tons. Gold battled the twin elements of continued growth in equity markets and a well-supported gold price.

Europe saw a second year of double-digit declines: annual retail investment for the region totalled 153.3 metric tons (–11%). After reaching record historical high in September, the euro gold price stabilised at elevated levels.

IV. Central Banks

Central bank demand totalled 650 metric tons in 2019 – the10th consecutive year of annual net purchases.

★ Central banks added 650.3 metric tons to global official gold reserves in 2019, 1% lower year-on-year.

★ 15 central banks made net purchases of 1metric ton or more, highlighting continued breadth of demand.

★ In 2019, global official reserves were 5,000 metric tons higher than end-2009 at around 34,700 metric tons.

Central bank net purchases in 2019 were remarkable. The annual total of 650.3 metric tons is the second highest level of annual purchases for 50 years (the highest level was recorded in 2018), highlighting the importance central banks place on having an allocation to gold in their reserve portfolio.

Firgure 5.6 Emerging Markets Continued to Dominate Central Bank Gold Buying

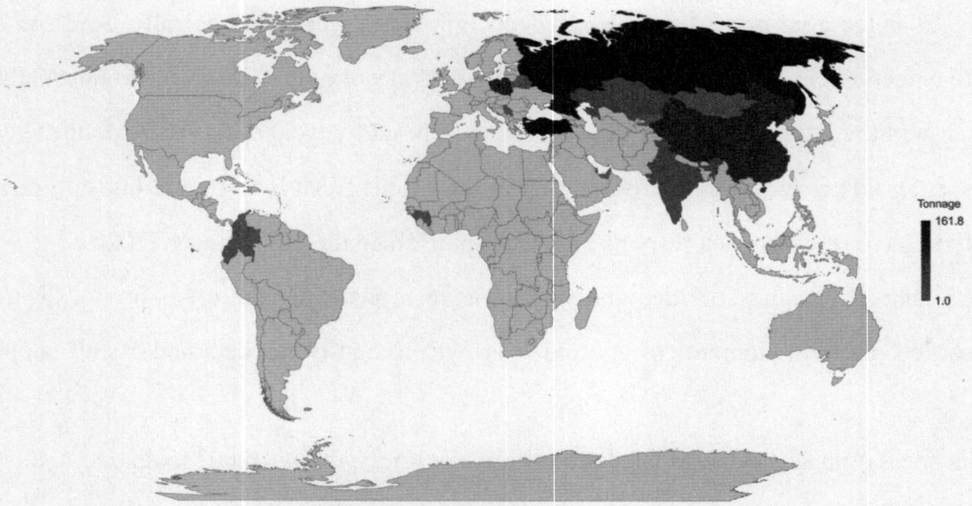

Source: IMF IFS, respective central banks, World Gold Council.

Buyers in force. In total, 15 central banks increased their gold reserves by at least one metric ton in 2019, highlighting the breadth of buying. Demand was exclusive to emerging market central banks looking to bolster and/or diversify their overall reserves.

The largest purchasers during 2019 were mostly familiar faces. Turkey, which began buying gold in 2017, emerged as the largest buyer in 2019, growing gold reserves by 159 metric tons. This brought total holdings to 413 metric tons, 63% higher year-on-year and equal to 20% of total reserves. Poland, which purchased 25.7 metric tons in 2018, made the biggest single purchase in 2019, buying 94.9 metric tons in June. In total, annual Polish net purchases amounted to 100 metric tons, taking reserves tc 228.6 metric tons. Russian gold reserves rose by a healthy 158.1 metric tons, albeit 42% lower than a year earlier, partly because the central bank began offering a discounted purchase price form May, aimed at encouraging domestic producers to export more gold.Chinese gold reserves grew by 95.8 metric tons over the first nine months in 2019, taking total gold reserves to 1,948 metric tons (3% of total reserves). Central banks in Kazakhstan (35 metric tons), India (32.7 metric tons), UAE (13.5 metric tons), Qatar (11 metric tons), Ecuador (10.6 metric tons) and Serbia (10 metric tons) also increased official gold reserves by at least 10 metric tons.

Figure 5.7 Central Banks Be Net Purchasers for Ten Consecutive Years

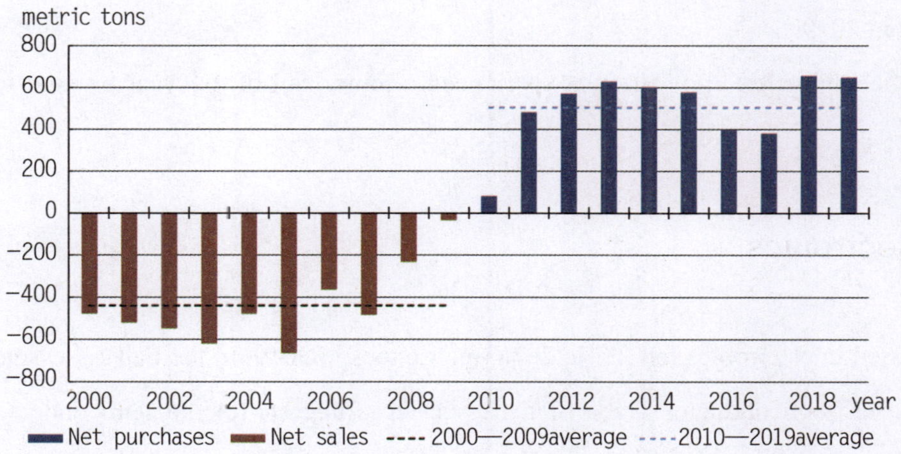

Source: Metal Focus, Refinitiv GFMS, Wordl Gold Council.

From 2010, 2019 marked one decade since central banks became annual net purchasers. During this time, central banks have added 5,019 metric tons gold back to global official gold reserves, with an annual average of around 500 metric tons, compared with average annual net sales of 443 metric tons in the preceding decade.

Over this time, heightened economic and geopolitical uncertainty have been the twin driving forces that have propelled central bank buying, particularly from emerging markets. In response, central banks increased their allocation to gold.

The 5,019 metric tons surge in demand over the last decade, more than offsetting the 4,426 metric tons of net sales between 2000 – 2009, means that reported global official gold reserves are now only 10% below the all-time high of 38,491 metric tons seen in 1966.

V. Technology

Technology demand weakened again in 2019, but the outlook is more optimistic; 2020 should herald strong demand growth in the electronics wireless sector.

★ Full-year gold demand in the technology sector fell 2% year-on-year to 326.6 metric tons.

★ 2019 was a weak year for the whole electronics industry, and this contributed to a 2% fall in demand for gold in the sector.

★ Gold used in the dental sector continued its decline with a 9% year-on-year fall to 14 metric tons in 2019.

★ Other industrial applications experienced a minor fall of 2% year-on-year to 50 metric tons.

(I) Electronics

Gold used in electronics fell 2% to 262.6 metric tons in 2019. In the Fall Assessment Meeting held by World Semiconductor Trade Statistics Group, forecasts for the semiconductor market – a traditional bellwether of the industry – were down by almost 13% compared with 2018, with falls across all major sectors. However, a recovery does appear to be in progress, with the World Semiconductor Trade Statistics Group predicting a return to growth of 5.9% in 2020. Relevant data supports this forecast, with demand for the final quarter posting a 1% year-on-year increase to 68.2 metric tons.

The strong third quarter growth in the wireless sector continued in the fourth quarter, with a 30%~40% increase in gold demand year-on-year. This sector will be positive for gold demand for some time to come; 5G infrastructure demand is just beginning to ramp up, and new applications such as Vertical Cavity Surface Emitting Lasers (VCSELs) and power amplifiers will add further demand for the technology.

Traditionally a low season for LEDs, the fourth quarter of 2019 was down by 6%~8% year-on-year. The market remained sluggish with new mini- and micro-LED technology threatening traditional LEDs, which have higher gold utilisation rates.

The memory sector rebounded into growth during the fourth quarter, albeit at relatively low levels of 1%~3% year-on-year.There are a handful of technological threats to gold demand in the sector. However, 5G related applications and data housing construction are expected to drive growth in the memory sector during 2020.

Finally, the Printed Circuit Board(PCB) sector registered a healthy rise of 7%~10% year-on-year during the fourth quarter of 2019. This was driven by the ramping up of 5G infrastructure deployment, alongside recoveries in consumer electronics and Artificial Intelligence demand. Indeed, we believe continued growth will be seen throughout 2020 in the PCB sector.

Of the four key electronics fabrication hubs around the world, only Japan registered a fall of 1.9% year-on-year. China, South Korea and the U.S. all saw small increases in gold volumes during the quarter of 2.8%, 3.9% and 1.1% respectively.

(II) Other Industrial and Dentistry

Dental demand continued its inexorable decline, falling 10% year-on-year in the fourth quarter to 3.2 metric tons. Demand for gold used in other industrial applications was down by 4%

to 12.4 metric tons; subsequently, annual demand was down by 2% to 50.1 metric tons.

VI. Supply

Total supply increased by 2% year-on-year in 2019 to 4,776.1 metric tons, the second consecutive marginal increase in annual supply.

Mine production fell 1% to 3,464 metric tons in 2019, the first year-on-year decline in output since 2008.

Recycled gold supply rose by 11% year-on-year in response to the gold price rally that began in June 2019.

(I) Mine Production

Mine production in the final quarter of 2019 fell 2% year-on-year to 889.5 metric tons. Gold mine production totalled 3,463.7 metric tons in 2019, 1% lower than in 2018 (see Figure 5.8). This is the first annual decline in production since 2008.

Figure 5.8 First Year-on-year Decline in Mine Production since 2008

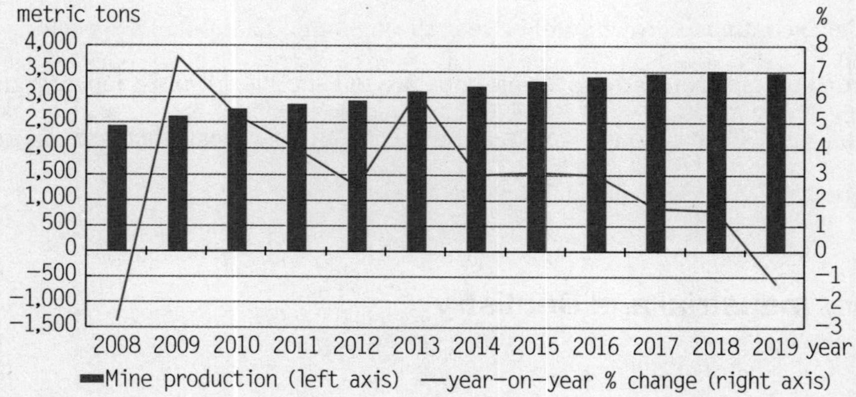

Source: Metals Focus, Refinitiv GFMS, World Gold Council.

Production growth was largely from greenfield and brownfield development. Russian gold mine production saw an 8% increase year-on-year in 2019. The ramp-up of greenfield sites – such as Natalka – and increases at several brownfield sites contributed to the growth in output. Similarly, in Australia, aggregate mine production rose by 3% year-on-year owing to higher production at several mines and the ramp up of projects such as Mount Morgans and Cadia Valley. Mine production in Turkey leapt (+66% year-on-year) due to improvements in the regulatory environment and permitting process, as well as expansion at the Copler project. West Africa again proved to be an engine of growth for mine production. Several nations of the region, such as Ghana, Burkino Faso and Côte d'Ivoire, all saw increased gold production.

But this was outweighed by declines in some top producing nations. In China, the world's largest producer, mine output fell again in 2019, the third consecutive year of decline. But the rate of decline has been slowing for some time as the industry becomes compliant with new environmental regulations. In addition, the rising gold price accelerated many gold mining plans in 2019. In South Africa, industrial action in the first half of the year significantly curtailed operations. In South America, disputes between local communities and contractors also led to lower production compared to 2018.

Indonesia had the biggest impact on global mine production in 2019. The exhaustion of higher-grade ore at Grasberg and its subsequent transition from open pit to underground mining was a constant issue throughout the year. But this drag on global production will not be felt to the same extent in 2020. The project has been ramping up its Grasberg Block Cave mine where output is expected to improve after 2020.

(II) Net Producer Hedging

2019 saw a modest 8.3 metric tons of net hedging. De-hedging in the other three quarters failed to offset the 49 metric tons of hedging in the second quarter, when miners took advantage of a higher gold price in order to protect project financing and secure cash prepayments.

In 2019, the annual average gold price calculated in U.S. dollars grew by 10%, the largest increase since 2011. And while some fresh hedging appoauches (or restructuring of existing positions) were seen during the year, it appears that miners were broadly comfortable to adopt a "wait-and-see" approach, preferring to see if the gold price would rise further before committing their future production.

(III) Recycled Gold

Recycled gold supply rose 16% year-on-year in the fourth quarter, totalling 335 metric tons. This brought the annual supply of recycled gold to 1,304.1 metric tons in 2019, the highest since 2013 (see Figure 5.9).

Figure 5.9 Gold Recycling Rose in Response to the Price Rally in 2019

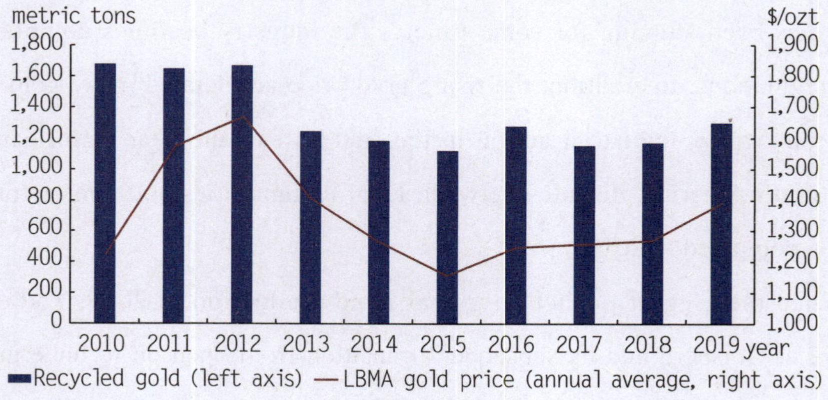

Source: Metals Focus, Refinitiv GFMS, ICE Benchmark Administration, World Gold Council.

While demand faltered, recycled gold supply jumped in response to price gain. Price was the overwhelming driver of this rise: the negative relationship between changes in the gold price and changes in recycling levels is well known. In 2019, the 10% jump in the annual average gold price in U.S. dollar understandably caught the attention of consumers.

Recycled gold supply saw sizeable increases in South and East Asia, as well as in the Middle East. India saw the largest up-tick in recycling across Asia, as the gold price past the previous record high and remained at elevated levels. In the Middle East, both Turkey and Iran saw notable year-on-year increases in recycling, particularly in the second half of the year. In Iran, as the rial collapsed against the U.S. dollar, consumers rushed to seize on gains in the local gold price.

附　录
Appendix

表1　2010—2019年全球黄金需求情况　　单位：吨

Table 1　Global Gold Demand between 2010 and 2019　　Unit: metric ton

	2010年	2011年	2012年	2013年	2014年	2015年	2016年	2017年	2018年	2019年	2019年同比变化（%） YoY movement (%)
金饰 Jewelry	2,057.090	2,104.138	2,157.250	2,726.123	2,531.484	2,458.546	2,101.088	2,236.932	2,240.186	2,107.035	−5.944
科技 Technology	460.666	429.137	382.274	355.768	348.387	331.674	322.996	332.583	334.787	326.616	−2.441
电子用金 Electronics	326.728	316.571	289.126	279.236	277.530	262.141	255.614	265.582	268.363	262.628	−2.137
其他行业 Other Industry	88.326	76.393	64.727	53.685	51.223	50.975	49.757	50.659	51.152	50.058	−2.138
牙科 Dentistry	45.612	36.173	28.422	22.847	19.634	18.558	17.625	16.342	15.272	13.930	−8.787
投资 Investment	1,588.000	1,759.232	1,565.537	856.396	913.825	962.291	1,614.539	1,318.143	1,169.761	1,271.702	−8.715
金条和金币总需求量 Total bar and coin demand	1,204.308	1,502.434	1,311.947	1,730.921	1,066.760	1,091.696	1,073.319	1,046.933	1,093.573	870.642	−20.386
实物金条需求量 Physical Bar demand	921.193	1,189.871	1,015.160	1,358.328	780.269	790.192	797.045	781.715	777.973	579.884	−25.462
官方金币量 Official Coin	195.905	228.366	186.009	271.085	205.572	225.246	208.346	188.836	242.336	224.022	−7.557
奖牌/仿制金币 Medals/Imitation Coin	87.210	84.197	110.778	101.509	80.919	76.258	67.927	76.382	73.265	66.736	−8.911
黄金ETF及类似产品 ETFs & similar products	383.693	256.797	253.591	−874.525	−152.936	−129.406	541.221	271.211	76.188	401.060	426.406
各国央行及其他机构 Central banks & other inst.	79.151	480.786	569.183	629.450	601.132	579.550	394.860	378.556	656.226	650.319	−0.900
黄金需求量 Gold demand	4,184.907	4,773.294	4,674.244	4,567.737	4,394.827	4,332.060	4,433.483	4,266.214	4,400.960	4,355.672	−1.029
LBMA黄金定价（美元/盎司） LBMA Gold Price, US$/ozt	1,224.520	1,571.520	1,668.980	1,411.230	1,266.400	1,160.060	1,250.800	1,257.150	1,268.490	1,392.600	9.784

注：科技用金=电子用金+其他行业+牙科。

投资=金条和金币需求总量+黄金ETF及类似产品。

金条和金币总需求量=实物金条需求量+官方金币量+奖牌/仿制金币。

资料来源：Metals Focus，Refinitiv GFMS，洲际交易所基准管理机构，世界黄金协会。

Note: Technology=Electronics+Other Industrial+Dentistry.

Investment=Total bar and coin demand+ETFs & similar products.

Total bar and coin demand=Physical Bar demand+Official coins+Medals/Imitation Coin.

Source: Metals Focus, Refinitiv GFMS, ICE Benchmark Administration, World Gold Council.

表2　2010—2019年世界黄金供给情况

Table 2　Global Gold Supply between 2010 and 2019

单位：吨 Unit: metric ton

	2010年	2011年	2012年	2013年	2014年	2015年	2016年	2017年	2018年	2019年	2019年同比变化(%) 2019 YoY movement (%)
供应量 Supply											
金矿产量 Mine production	2,748.493	2,857.442	2,929.090	3,110.342	3,202.946	3,300.693	3,398.476	3,455.191	3,509.317	3,463.673	-1.301
生产商净对冲额 Net producer hedging	-108.808	22.525	-45.315	-27.939	104.907	12.892	37.634	-25.520	-12.476	8.345	—
回收金量 Recycled gold	1,679.122	1,651.093	1,670.828	1,247.709	1,187.835	1,121.365	1,281.503	1,156.061	1,176.137	1,304.115	10.881
总供应量 Total supply	4,318.806	4,531.060	4,554.603	4,330.112	4,495.688	4,434.949	4,717.613	4,585.732	4,672.977	4,776.133	2.207
需求量 Demand											
加工量 Fabrication											
金饰 Jewelry	2,043.757	2,092.126	2,141.194	2,736.021	2,543.315	2,478.237	2,017.430	2,255.142	2,281.211	2,134.678	-6.423
科技 Technology	460.666	429.137	382.274	355.768	348.387	331.674	322.996	332.583	334.787	326.616	-2.441
加工量小计 Sub-total above fabrication	2,504.423	2,521.264	2,523.469	3,091.789	2,891.702	2,809.911	2,340.425	2,587.725	2,615.998	2,461.294	-5.914
金条和金币总需求量 Total bar & coin demand	1,204.308	1,502.434	1,311.947	1,730.921	1,066.760	1,091.696	1,073.319	1,046.933	1,093.573	870.642	-20.386
黄金ETF及类似产品 ETFs & similar products	383.693	256.797	253.591	-874.525	-152.936	-129.406	541.221	271.211	76.188	401.060	426.406
各国央行和其他机构① Central bank & other inst.[1]	79.151	480.786	569.183	629.450	601.132	579.550	394.860	378.556	656.226	650.319	-0.900
黄金需求（加工量） Gold demand	4,171.574	4,761.282	4,658.189	4,577.635	4,406.658	4,351.752	4,349.825	4,284.424	4,441.986	4,383.315	-1.321
供需平衡 Surplus/Deficit	147.232	-230.222	-103.587	-247.523	89.029	83.197	367.788	301.307	230.992	392.818	70.057
总需求 Total demand	4,318.806	4,531.060	4,554.603	4,330.112	4,495.688	4,434.949	4,717.613	4,585.732	4,672.977	4,776.133	2.207
LBMA黄金价格（美元/盎司） LBMA Gold Price ($/ozt)	1,224.520	1,571.520	1,668.980	1,411.230	1,266.400	1,160.060	1,250.800	1,257.150	1,268.490	1,392.600	9.784

注：①不包括中央银行期权的任何Delta中性套期保值。

资料来源：Metals Focus，Refinitiv GFMS，洲际交易所基准管理机构，世界黄金协会。

Note: 1. Excluding any delta hedging of central bank options.

Source: Metals Focus, Refinitiv GFMS, ICE Benchmark Administration, World Gold Council.

表3　2019年末黄金ETF持有量前十排名　单位：吨

Table 3　Top 10 Gold ETF Holdings as of the End of 2019　Unit: metric ton

	基金 ETF	国家 Country	截至2018年12月底的持有量 Holdings as of 2018	截至2019年12月底的持有量 Holdings as of 2019	年同比变化（%） YoY movement (%)
1	SPDR Gold Shares	美国 US	787.42	892.97	13.404
2	iShares Gold Trust	美国 US	280.17	360.02	28.499
3	Xetra-Gold	德国 Germany	181.11	203.47	12.349
4	WisdomTree Physical Gold	英国 UK	161.67	146.73	–9.243
5	Invesco Physical Gold ETC	英国 UK	119.99	145.89	21.583
6	iShares Physical Gold ETC	英国 UK	105.65	143.59	35.917
7	Gold Bullion Securities Ltd.	英国 UK	80.19	79.54	–0.815
8	Xtrackers Physical Gold ETC EUR	德国 Germany	61.55	68.29	10.957
9	ZKB Gold ETF	瑞士 Switzerland	63.45	66.68	5.085
10	WisdomTree Physical Swiss Gold	英国 UK	49.13	55.12	12.198
	全球总量 Total		2,440.23	2,885.50	18.247

资料来源：各ETP提供商，彭博，洲际交易所基准管理机构，世界黄金协会。

Source: ETP providers; Bloomberg; ICE Benchmark Administration; World Gold Council.

表4　2019年末部分国家和地区黄金储备情况

Table 4　Gold Reserve of Some Countries and Regions as of the End of 2019

序号 No.	国家和地区 Country and region	公吨 Metric ton	储备量百分比 % of reserves	序号 No.	国家和地区 Country and region	公吨 Metric ton	储备量百分比 % of reserves
1	美国 United States	8,133.5	77	21	西班牙 Spain	281.6	18
2	德国 Germany	3,366.5	73	22	奥地利 Austria	280.0	58
3	国际货币基金组织 IMF	2,814.0	—	23	波兰 Poland	228.6	9
4	意大利 Italy	2,451.8	68	24	比利时 Belgium	227.4	38
5	法国 France	2,436.0	63	25	菲律宾 Philippines	197.9	11
6	俄罗斯 Russian Federation	2,271.2	20	26	阿尔及利亚 Algeria	173.6	11
7	中国 China	1,948.3	3	27	委内瑞拉 Venezuela	161.2	80
8	瑞士 Switzerland	1,040.0	6	28	泰国 Thailand	154.0	3
9	日本 Japan	765.2	3	29	新加坡 Singapore	127.4	2
10	印度 India	633.1	7	30	瑞典 Sweden	125.7	11
11	荷兰 Netherlands	612.5	69	31	南非 South Africa	125.3	11
12	欧洲央行 ECB	504.8	30	32	墨西哥 Mexico	120.1	3
13	中国台湾 Taiwan, China	422.4	4	33	利比亚 Libya	116.6	7
14	土耳其 Turkey	412.5	20	34	希腊 Greece	113.5	67
15	哈萨克斯坦 Kazakhstan	385.5	65	35	韩国 South Korea	104.4	1
16	葡萄牙 Portugal	382.5	77	36	罗马尼亚 Romania	103.6	12
17	乌兹别克斯坦 Uzbekistan	335.9	56	37	国际清算银行 BIS	102.0	—

续表 (concluded)

序号 No.	国家和地区 Country and region	公吨 Metric ton	储备量百分比 % of reserves	序号 No.	国家和地区 Country and region	公吨 Metric ton	储备量百分比 % of reserves
18	沙特阿拉伯 Saudi Arabia	323.1	3	38	伊拉克 Iraq	96.3	7
19	英国 United Kingdom	310.3	9	39	埃及 Egypt	79.2	9
20	黎巴嫩 Lebanon	286.8	26	40	科威特 Kuwait	79.0	9

资料来源：国际货币基金组织，IFS，世界黄金协会。
Source: IMF, IFS, World Gold Council.

表5　2010—2019年黄金年度平均价格
Table 5　Average Annual Gold Prices between 2010 and 2019

	2010年	2011年	2012年	2013年	2014年	2015年	2016年	2017年	2018年	2019年	2019年同比变化（%） YoY movement (%)
美元/盎司 US$/ozt	1,224.50	1,571.50	1,669.00	1,411.20	1,266.40	1,160.10	1,250.80	1,257.20	1,268.50	1392.6	9.783
欧元/盎司 €/ozt	925.2	1,129.90	1,298.70	1,063.80	952.8	1,045.30	1,129.50	1,114.10	1,073.70	1244.87505	15.943
英镑/盎司 £/ozt	792.4	980.8	1,053 00	903.8	768.1	759	927.3	976.1	949.6	1092.9256	15.093
瑞士法郎/千克 CHF/kg	40,954.20	44,649.50	50,323.70	42,090.30	37,205.90	35,863.20	39,575.50	39,771.90	39,882.10	44476.97944	11.521
日元/克 ¥/g	3,443.60	4,015.80	4,278.20	4,410.40	4,297.50	4,513.80	4,353.50	4,531.70	4,502.20	4876.84005	8.321
卢比/10克 Rs/10g	17,997.30	23,624.10	28,639.40	26,440.20	24,835.10	23,903.20	27,013.50	26,319.70	27,861.30	31542.48975	13.213
人民币/克 RMB/g	266.3	326.3	338.5	279.2	250.8	234.2	267	273.1	269.4	309.7472783	14.977
里拉/克 TL/g	59.3	85.4	96.6	86	89	101.4	121.3	147.3	196.2	254.2702169	29.597

资料来源：洲际交易所，Refinitiv Datastream，世界黄金协会。
Source: ICE Benchmark Administration, Refinitiv Datastream, World Gold Council.